KB152551

마이크로 리추얼 —— 사소한 것들의 힘

마이크로 리추얼 ———— 사소한 것들의 힘

micro ritual

장재열 지음

한국경제신문

무너진 마음과 삶을 다시 쌓는 정신과 치료는 재활운동과 같다. 무조건 작게 시작, 그리고 꾸준히. 조급한 마음은 회피나 번아웃으로 이어질 뿐, 자신만의 속도가 중요하다. 하지만 안타깝게도 이 메시지는 잘 전달되지 않는다. 정신과 의사를 마지막 구원자처럼 여기며 모든 문제를 해결해줄 것이라 기대하시는 경우가 많지만, 그의 인생 168시간 중 1시간 미만을 만나는 우리의 관계엔 근본적 한계가 있다. 그래서 나머지 167시간이 중요하다. 매우 사소하지만 꾸준한 것들로 그 시간을 채워 나갈 때의 변화를 증언하는 이 책이 그래서 반갑다. 다들 처음에는 의심하는 이 사소하지만 꾸준한 것들의 힘이 만들어내는 큰 변화를 나는 자주 목격한다. 지금 정체되어 있는 자신이 싫다면, 이 책부터 펼쳐 보기를 바란다.

김지용 / 정신의학전문의, 유튜브 〈뇌부자들〉 운영자

복잡한 세상에서 살다 보면 고민과 걱정은 끊임없이 찾아옵니다. 그럴 땐 다른 사람이 아닌 나 스스로에게 묻고 답하며 문제의 해결책을 찾아보는 일이 매우 중요하죠. 그래야 내가 진짜 원하는 것이 무엇인지 알게 되고, 누군가의 말에 흔들리지 않는 사람이 될 수 있습니다. 이 책은 힘든 순간 진정한 나 자신이 누구인지, 내가 원하는 삶은 무엇인지 찬찬히 들여다보고 찾을 수 있는 길을 안내합니다. '나'라는 사람을 더 잘 알 수 있는 최소 단위의 작은 습관, 마이크로 리추얼들이 쌓여 나를 지키는 든든한 울타리가 되어줄 것입니다.

드로우앤드류 / 유튜브 크리에이터, 《럭키 드로우》 《프리 웨이》 저자

"나는 이렇게 해서 성공했으니, 당신도 나처럼 해보세요"가 아닌, 사소한 것들을 하나씩 해나가며 성장할 수 있게 실질적인 도움을 주는 일상 속 리추얼 연습을 제안한 장재열 작가의 영민함에 박수를 보낸다. 다들 아무 문제없이 잘 사는데, 왜 유독 나만 뒤처지는 것 같은지 불안하고 마음이 힘든 사람들에게 위안과 용기를 주는 책, 스스로를 치유하고 성장할 수 있는 러닝메이트가 되어줄 이 책을 부디 많은 사람들이 만나보기를 바란다.

유수진 / 부자언니, 《부자언니, 부자특강》 저자

이 책은 한때 우울증과 공황장애를 앓던 사람이 어떻게 일어설 수 있었는지, 얼마나 사람을 살리는 일에 진심이었는지를 보여줍니다. 예전에 저는 사회 부적응자였지만, 좀놀아본언니들 활동을 통해서 마음이 많이 치유되어 이제는 사회에 잘 적응해 살아가고 있습니다. 과거의 저처럼 절망 가운데 있는 사람들에게 이 책이 희망의 씨앗이 되리라 믿습니다. 책을 읽은 사람들이 또 다른 누군가를 살리는 선순환을 만들어내기를 소망합니다. 장재열 대표님이 심은 작은 씨앗이 이 땅 곳곳에 아름다운 열매로 가득 맺힐 수 있기를 기대하며 응원합니다.

임은정 / 좀놀아본언니들 상담활동가, 글쓰기치유 커뮤니티 새삶쓰기 대표

러닝머신 시대를 살고 있는 당신에게

안녕하세요? 상담가 장재열입니다. 8년 만에 새 책을 냅니다. 그간 왜 책을 안 쓰냐는 질문을 종종 받았어요. 그럴 때마다 머쓱하게 웃으며 "바빠서요"라고 대답했습니다. 실제로 코로나19 이후 상담가, 정신의학 전문가들이 참 바빠지기도 했으니 거짓말은 아니었어요. 하지만 깊은 진심은 '도무지 뭘 쓸지 모르겠다'는 것이었습니다.

성공하는 법, 부자 되는 법을 담은 자기계발서가 출판계의 대세인 시대에 '각자 자신만의 속도로 느리더라도 단단히 살아가는 것'이 중요하고, 오히려 그것이 가장 빠른 길이라는 제 생각을 담아 글을 쓰는 게 의미가 있을까? 회의적인 생각도 있었어요. 그렇다고 대세에 따라 잘 팔리기 위한 책, 갑자기 제 결에 맞지 않는 글을 쓰고 싶지는 않았습니다. 누군가의 불안을 더 자극시키는 문구를 써가며 책을 팔고 싶진 않았거든요. 그래서 주변의 선배 저자들에게 조언을 구했지요. 그중 기억에 남는 말이 있었습니다.

"당장 책을 쓰는 대신, 꾸준히 10년만 상담가라는 네 본업에서 열심히 활동을 해보면 어떨까? 네가 하는 상담이라는 일은 세상을 비추는 데이터가 쌓이는 일이다. 그러니까 데이터가 쌓여 만 단위가 넘어가고 난 뒤, 그걸 바라보면 어느 날 세상에 무엇을 말해야 할지가 보일 거다."

'마인드 마이너(Mind Miner, 마음을 캐는 사람)'로 잘 알려진 송길영 박사님이 해준 말이었어요.

그렇게 시간이 흘러 어느덧 상담 10년차가 되고, 대략 4만 4,000여 명의 사람들을 만났습니다. 그 과정에서 정말 조금씩 세상이 보이기 시작했어요. 그리고 그사이 제 머릿속에 떠올라 서서히 자리 잡은 한마디는 '참 러닝머신 같은 시대다'라는 것이었지요. 쉬면 뒤처질까 봐 멈추질 못하고, 열심히 살아봤자 겨우 제자리 정도인 시대. 이런 삶을 벗어나기 위해 성공 법칙과 자기계발에 몰두하면서, 또 한편으로는 건국 이래로 가장 많은 사람들이 번아웃을 겪고 있는 시대. 심지어 심리학자조차 뒤처짐을 느끼는 시대.

성장과 번아웃이라는 키워드가 동시에 커져가는 아이러니한 시대 속에서, 여러분은 마음의 중심을 잘 잡고 있나요? 여러분은 자신의 속도대로 살아가고 있나요?

이 시대를 살아가는 우리에게, 어쩌면 성공하는 법보다 더 중요한 건 '내 페이스를 잃지 않는 것'일 겁니다. 아무리 강한 열망과 목표가 있어도, 오버페이스로 자꾸만 소진을 겪고 나가떨어지면 목표에서 점점 더 멀어지고, 끝내 완주할 수 없게 되지요. 마치 마라톤에서 조바심 때문에 초반에 빠르게 치고 나갔다가 기권하는 선수처럼요. 내 페이스를 잃지 않으려면 무엇이 필요할까요? 아마도 다음과 같은 질문에 스스로 답을 내릴 수 있어야할 겁니다.

1. 어떻게 불안에 흔들리지 않고, 마음의 중심을 잡으며 살아갈 수 있을까?

2. 나만 뒤처지는 것 같은 감정을 딛고, 어떻게 내 속도를 지키며 살 수 있을까?

3. 그럼에도 불구하고 번아웃이 찾아왔을 때, 회피하는 대신 오늘을 살며 회복하는 법은 없을까?

책의 한 챕터가 끝날 때마다 여러분은 위의 질문에 대한 답을 하나씩 찾을 수 있을 겁니다. 제가 알려드리는 것이 아니라, 제가 드리는 질문과 가이드를 통해 아마도 스스로 자신만의 건강한 회복 방식인 '리추얼(Ritual)'을 발견할 수 있을 테니까요. 여기서 리추얼이란 사소해 보이지만 꾸준히 실행하면 삶의 큰 변화를 불러오는 의식적 습관을 뜻하는데요. 그저 루틴처럼 매일 체크하면서 노력해야 하는 과제가 아니라, 어느새 무의식적으로 몸에 밸 만한 '아주 사소한 행위'들을 말합니다.

제가 이처럼 '사소함'에 집중하게 된 건, 4만 4,000명의 이야기를 들으며 발견한 한 가지 공통점 때문이었어요. '의외로 인생은 아주 사소한 것 때문에 무너지지만, 또 아주 사소한 것 덕분에 변화한다는 것'이었지요. 티가 나지 않지만 일상에서 자연스럽게 스며드는 작지만 큰 파장, 그 사소함의 힘을 보여드리고 싶었거든요. 그래서 책 제목도 《마이크로 리추얼: 사소한 것들의 힘》으로 지었습니다.

리추얼 중에서도 더 작고 사소한 '마이크로 리추얼(Micro Ritual)'에 집중해 차근차근 소개하고자 합니다. 각 꼭지마다 제가 실제로 상담을 통해 만난 사례자들과 함께 이것들을 실천하고 어떤 변화를 겪었는지 그 후일담까지 준비했어요. 어떤 사소한 것을 실천했고, 또 어떻게 변화했는지 여러분께 가감 없이 전해드릴 겁니다.

책 속의 그들처럼 여러분의 인생에도 무너지고, 정체되고, 회복하고, 변화하는 순간들이 종종 찾아올 겁니다. 그 생의 변곡점마다 이 책에서 소개할 21가지 리추얼이 당신에게 페이스메이커가 되어줄 거예요. 너무 서두르지도, 너무 주저하지도 않고, 자신만의 속도로 끝내 원하는 것에 다가갈 수 있게 도와줄 겁니다. 그것이 물질적 성공이든, 정신적 행복이든, 평안이든 말이지요.

사소함이 모이고 쌓여 만들어내는 생각보다 큰 변화의 여정, 이제 함께 걸어가볼까요?

micro ritual

마이크로 리추얼

사소한 것들의 힘

contents

CHAPTER 1
마이크로 리추얼
회복은 가장 사소한 것에서 시작된다

CHAPTER 2

마인드 밸런싱
불안에 휘둘리지 않는 마음 중심 잡기

CHAPTER 3

오롯이 나를 위한 사소한 습관
회복을 넘어 성장으로

마이크로 리추얼
회복은 가장 사소한 것에서 시작된다

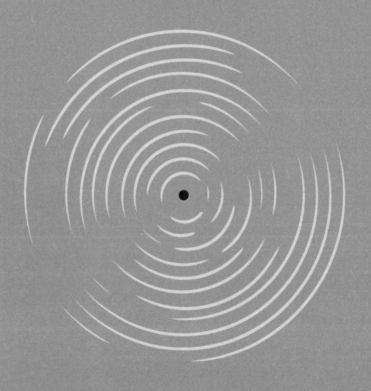

micro ritual

1

심리학자도 뒤처짐을 느끼는 시대,
쉼 윤리를 아시나요?

2023년 12월, 오랜만에 건대 앞을 지나는 길이었어요. 머릿속에 떠오르는 얼굴이 있어 바로 카톡을 했지요. 저는 생각나면 바로바로 연락하는 편이거든요.

"교수님! 차 한잔하실래요?"

"어머! 나 삼십 분 뒤에 일 끝나는데, 콜!"

진로심리학자인 이항심 건국대학교 교수는 제 번아웃 친구(?)예요. 비슷한 시기에 번아웃을 겪었고 또 그것을 회복하는 과정에서 삶을 바라보는 시선에 많은 변화가 생겼지요. 나이는 달라도, 인생에서 비슷한 경험을 하다 보면 자연히 서로 주파수가 맞게 되더라고요. 그래서일까요? 한번 만나면 배고픔을 잊고 몇 시간씩 대화에 빠져들곤 하지요. 교수님은 코로나19 후유증을 겪으면서 몸의 소진을 먼저 겪었고, 이후 서서히 번아웃이 찾아왔었다고 해요.

"재열 씨는 요즘 어때요? 번아웃이었다고 들었는데, 많이 회복됐어요?"

"네, 거의 제 페이스대로 돌아온 것 같아요. 교수님은요?"

"저도요. 치앙마이 한 달 살기가 전환점이 됐고, 명상도 꾸준히 했어요. 재열 씨도 어디 다녀왔다고 했나요?"

"아뇨, 저는 일을 계속했어요. 대신에 일상 속에서 리추얼을 좀 만들었어요. 오늘 쌓인 대미지(damage)를 내일로 넘기지 않고 그날그날 회복해보려 했죠."

교수님은 고개를 끄덕이며 말했습니다.

"잘 생각하셨네요. 맞아, 리추얼…. 우리 한국 사회에 특히 필요하지. 저는 공부하러 미국 가서 오래 있었잖아요. 교수 되고 오랜만에 한국에 돌아오니까, 다들 너무 치열해서 적응을 못하겠더라고. 자꾸 조바심이 나는 거야. 나도 제법 치열하게 산 사람인데, 모두들 200킬로미터 속도로 달리는 세상에 던져지니까 120킬로미터인 내가 너무 뒤처져 있는 느낌이 들더라고요. 충분히 이것도 과속인데. 굉장히 죄책감을 느끼고 있더라고."

"맞아요, 교수님. 우리 모두가 러닝머신 위에서 살고 있는 것 같은 느낌 들지 않아요?"

"맞아, 그래서 난 요즘 '쉼 윤리'라는 개념에 관심이 가요. 나는 진로심리학자니까 항상 일에 대해서만 연구한단 말이에요. 그런데 완전히 소진되어보니, 알겠더라고요. 뭔가 잘못됐구나. 한국 사회는 유독 직업 윤리에 엄격하거든. 그러다 보니까 자연스럽게 쉰다는 개념에는 죄책감을 느끼게 만드는 구조인 거예요. 심리학자인 나조차도 그러고 있는 거야. 근데 재열 씨, 알죠? 잘 쉬어야 잘 일한다는 걸. 하지만 한국은 잘 쉰다는 개념을 배울 수가 없는 사회더라고요. 그래서 생각했지. 아, 이제 '쉼 윤리'도 설계해야 할 세상이 됐구나. 사실 리추얼이 개개인에겐 그런 역할일 수도 있다고 봐요."

대화 속에서 자주 등장한 '리추얼'이라는 단어, 여러분은 익숙한가요? 잘 아는 분도, 처음 듣는 분도 계실 겁니다. 리추얼을 한마디로 정의하자면 이렇습니다.

—— 매일 나 자신을 위해 반복적, 규칙적으로 하는 의식적 행위.

조금 더 쉽게 설명하자면, 리추얼은 나 자신의 심신을 돌보는 간단한 행위를 정해놓고 그것을 매일 반복하는 것입니다. 이불 정리, 맨발 걷기, 명상, 무엇이든 좋아요. 루틴과 비슷해 보이지만 조금 달라요. 피부 케어 루틴, 헬스 루틴, 자기계발 루틴 등 다양한 목적을 가지는 루틴과 달리 리추얼은 명확하게 '내 마음의 중심을 잡는 것'을 핵심으로 합니다.

다만 마음의 중심을 잡는다는 개념은 사람마다 조금 다를 수 있습니다. 누군가는 저처럼 번아웃에서 회복되는 걸 떠올릴 수도 있고요. 누군가는 긴장을 덜고 더 능률적으로 일하는 상태를 원할 수도 있습니다. 또 불안감, 잡생각을 덜고 무탈한 하루를 보내는 걸 목표로 할 수도 있겠지요.

이렇게 각자의 구체적인 목적에 맞추어 하루 5~10분 이내로 자신의 마음을 돌보는 습관이 바로 리추얼입니다. 주로 일상에서 흔히 하고 있는 아주 소소한 행위들로 구성돼요. 하지만 자신만의 리추얼을 찾아가는 과정은 소소하지 않습니다. 오히려 맞춤복을 제작하듯 특별하지요. 일상의 수많은 행동 중에서 '나의 마음을 안정되게 하는 것'은 무엇인지 찾고, 그것이 실제로 내게 효과를 주는지 스스로 검증하고, 또 그것을 어느 시간대에 하면 좋을지 설계하는 아주 능동적인 자기 탐색의 여정이기 때문이지요.

제가 이 리추얼에 관심을 갖게 된 것은 지극히 개인적인 이유였습니다. '나는 왜 이렇게 자주 지치는 걸까?'라는 의문에서 비롯된 것이었지요. 39년이라는 짧은 인생 속에 세 번이나 번아웃의 풍랑을 겪어야 했거든요.

처음엔 제가 예민해서, 또는 나약해서라고 생각했습니다. 하지만 상담가의 길로 들어선 후 10년간 정말 많은 사람을 만났습니다. 저만 뒤처지고, 저만 나약한 것이 아니더군요. 참 많은 사람이 각자의 러닝머신 위에서 지쳐도 지친 기색을 하지 못한 채, 아니 지친 것을 알아차리지도 못한 채 달리고 있다는 걸 알게 되었어요. 부양해야 하는 가족이 있어서, 주변인들이 나에게 실망할까봐, 멈추면 실패한 사람 같아서…. 이유는 달랐지만 모두들 과거 언젠가의 제 모습과 겹쳐 보였습니다.

그런 여러분들에게 저는 '멈추세요'라고 말하고 싶지 않아요. 우리 모두의 삶에는 각기 다른 사연이 있고, 사정이 있으니까요. 다만, 여러분의 전력 질주 인생에 페이스메이커가 되어드리고픈 마음입니다. 마라토너가 숨을 고르고 속도를 조절해 끝내 결승점에 도달하도록 돕는 존재. 페이스메이커처럼 리추얼은 여러분에게 '내 속도로 살아갈 수 있는' 작지만 단단한 힘이 되어줄 겁니다. 일상을 멈추지 않아도, 먼 여행을 떠나지 않아도 오늘을 살되 오늘 안에서 회복이 일어날 수 있도록 말이에요.

이제 본격적인 에피소드가 시작될 텐데요. 이 책은 세 챕터로 구성되어 있습니다. 각 챕터의 첫머리에는 제가 겪은 세 번의 번아웃과 회복 경험담이 담겨 있습니다. 그리고 나머지 에피소드는 제가 상담을 통해 만났던 사람들과의 대화로 이뤄져 있어요. 각 에피소드 끝에는 여러분만의 리추얼을 찾아가기 위한 '리추얼 가이드 코너-리추얼 레시피'가 준비되어 있습니다. 에피소드들은 독자의 눈으로 편안하게 읽어주시고요. 리추얼 레시피 부분에서는 여러분이 저자가 되어 직접 쓰고, 고민하면서 책을 완성해가 보세요. 이 책은 여러분과 제가 함께 완성해가는 작품입니다. 이제 저와 함께 당신만의 리추얼을 하나씩 찾아가볼까요?

일단, 제 이야기부터 시작할게요.

micro ritual

<u>2</u>

뒤처질까 봐
열심히 살았던 것뿐인데

스물여덟 살 가을, 신입사원이었던 저는 퇴근길에 회사 정문에서 쓰러지고 말았습니다. 무슨 영문인지 몰랐어요. 처음에 응급실에선 큰 이상이 없다고 조금 쉬면 나을 거라 했어요. 그런데 아니었어요. 주말이 지나고, 연차를 써도 낫지 않는 거예요. 자꾸만 어지럽고, 멍해지고, 때로는 숨이 가쁘기도 했습니다. 덜컥 겁이 났지요. 여러 군데 병원을 돌며 검진을 했어요. 약간의 저혈압이 있을 뿐 이상이 없다는 소견만 받았어요. 그런데 마지막으로 찾아간 병원에서 이런 말씀을 하시더군요.

"정신과 쪽으로 한번 가보시면 어떨까요? 이게 스트레스나 다른 요인일 수도 있거든요."

처음엔 정신질환자 취급을 받는 것 같아 기분이 나빴어요. 그런데 점점 무시할 수 없는 사건이 잦아지기 시작했습니다. 신호등을 건너는데 잠깐 멍해지더니, 정신을 차려보면 빨간불이 돼 있기도 하고, 상사가 제 이름을 부르기만 해도 호흡이 가빠졌어요. '어딘가 안 좋은 애'라고 누구나 알아차릴 때쯤 결국 정신과를 찾았고 상담을 받았습니다. 의사 선생님은 말했지요.

"번아웃 증후군이라고 들어보셨을까요? 우울과 공황 증상도 발견이 되고요. 제 생각에는 회사 때문 같지는 않고…. 재열 씨가 꽤 오랫동안 자신을 혹사하면서 서서히 지쳐온 게 아닐까 싶거든요. 그게 터진 시점이 지금일 뿐이고요. 예전 기억을 되짚어볼 수 있을까요?"

그 말에 한참 생각했습니다. 몇 살쯤부터 나는 자신을 혹사하며 살아온 걸까. 최초의 기억은 초등학교 1학년 반장선거 날이었어요. 어릴 적부터 여성스럽고 소극적이어서 친구가 별로 없던 저는 친구를 사귀고 싶었습니다. 반장선거를 기대하고 있었지요. 반장이 되면 운동회도 준비하고, 학급 미화 활동도 하면서 친구가 많아질 것이라 생각했었나봐요. 반장 후보를 추천할 때 손을 번쩍 들었습니다.

"선생님, 혹시 제가 저를 추천해도 되나요?"

그런데 뜻밖에도 선생님은 단호하게 "안 돼, 너희 엄마 힘들어"라고 말했어요. 무슨 뜻이었는 줄 아세요? 제가 주공아파트에 사는 가난한 집 아이였기 때문에 반장을 해선 안 된다는 거였어요. 촌지가 여전히 기승을 부렸던 1990년대, 주공아파트에 사는 아이가 반장이 되면, 선생님은 반장 엄마에게 받을 촌지가 줄어들까 봐 걱정이었던 겁니다.

그 말을 전해 들은 엄마는 안방 문을 잠그고 밤새 울었고, 저는 그다음 날부터 무시와 괴롭힘을 당하기 시작했어요. 인구가 많지 않던 지방 소도시에 살던 저는 초등학교, 중학교, 고등학교를 계속 같은 아이들과 진학했어요. 여덟 살에 시작된 따돌림은 고등학교 1학년까지 계속되었어요. 어떤 해에는 은따(은근히 따돌린다는 뜻의 속어), 어떤 해에는 왕따, 어떤 해에는 학교폭력(줄임말로 '학폭'). 가해의 수위는 매년 달랐지만 점심시간에 밥 먹을 친구가 없었던 건 똑같았어요.

열 살이 되던 해, 저는 생각했어요.

'아 가난하고 여성스러운 나는 만만한 존재구나. 만만한 존재는 공격 대상이 되고 어른도 지켜주지 않네. 그렇다면 나는 친구 사귀기를 포기하고, 그냥 무시당하지 않는 잘난 존재가 되어야겠다.'

그때부터 삶의 목표는 서른 살이 될 때쯤 가해자들보다 훨씬 잘난 존재가 되어서 동창회에 나가는 거였어요. 가서 가해자들이 저보다 못한 삶을 살고 있다는 걸 제 눈으로 확인해야겠다고 생각했어요. 그게 내가 할 수 있는 최선의 복수라고 생각했어요.

그 후로 열심히 공부하기 시작했어요. 청소년의 세계에서 강하다는 건 싸움을 잘하거나, 공부를 잘하는 것 두 개뿐이었는데, 저는 싸움을 잘하긴 글렀다고 판단했죠. 공부로 서울대를 가고 싶었어요. 가해자 중에 상당수가 '공부도 잘하고, 집도 잘살아서 학폭을 해도 선생님이 눈감아주는 아이들'이었거든요. 그 애들보다 더 좋은 학교, 더 좋은 직장을 가야 하니까 뭐든지 1등인 그 곳을 노릴 수밖에 없었어요. 하지만 삼수 끝에 서울대를 입학하고 느낀 감정은 성취감이 아니라, '동기들보다 2년이나 뒤처졌네'라는 조바심이었어요.

대학 1학년 1학기부터 대외 활동을 시작했어요. 대학 동기 중에 누군가는 저를 '헤르미온느(영화 〈해리포터〉에서 하루를 48시간처럼 보내는 인물) 같은 애'라고 불렀어요. 학점은 항상 2~3위권에 학생회 활동을 하면서, 공모전 상을 받고 알바를 하면서, 대외 활동과 자원봉사를 다녔으니까요. '스펙'이라는 단어가 처음 유행할 때쯤, 이미 제 이력서에는 40줄이 넘는 스펙이 쌓여 있었어요. 그렇게 많아도 불안했어요. 가장 큰 회사에 합격하지 못할까 봐서요.

그리고 졸업을 앞둔 4학년 2학기, 드디어 원하던 회사에 합격한 뒤 처음으로 안도감을 느꼈어요. '이젠 됐다!'라고요. 서울대를 나와서 삼성에 입사했으니, 이젠 더 이상 트라우마에 붙잡혀 살지 않아도 될 거라고요. 하지만 가장 안정되었다고 생각한 순간 오랜 시간 동안 혹사당한 제 마음은 무너져 내리기 시작한 거지요. 걷잡을 수 없이 심해져가는 증상을 보면서 저는 자괴감에 빠졌습니다.

'내 입사 동기들 중에 그 누구도 이러지 않는데, 왜 나만 못 버티는 거지? 왜 나만?'

심리 치료는 오리무중으로 쉽게 나아지지 않았어요. 상담사 선생님의 말도, 의사 선생님의 말도 들리지가 않았어요. 그저 '왜 나만 남들 다 하는 회사 생활을 못 버티는 걸까?'라는 자괴감만 계속되었죠. 증상이 더 심해진 저는 결국 퇴사를 하게 되었습니다. 방 안에 틀어박힌 스물아홉 살의 가을, 반년이 지나면 서른이 되는데, 저는 가해자들보다 잘난 사람은커녕 우울증 약만 먹는 백수가 되어 있었어요. 동창회는 당연히 갈 수 없었고, 매일 같은 생각만 반복했어요.

'억울해. 억울해. 억울해. 나는 너무 억울해. 가난하다고 무시받지 않고 싶었을 뿐인데, 아무도 괴롭힐 수 없는 사람이 되고 싶었을 뿐인데, 그래서 열심히 이 악물고 산 것뿐인데. 나쁜 짓을 한 것도 아닌 내가 왜?'

일주일에 1시간 상담을 받아도 나머지 167시간은 세상을 원망하거나, 제 자신을 원망하는 생각만 반복하다가 잠을 잤죠. 매일 20시간 가까이 잤던 것 같아요. 그 와중에 계속 담당 선생님을 바꿨어요.

그러던 어느 날 다섯 번째로 바뀐 상담사 선생님을 만났습니다. 푸근하고 장난기 많은 아줌마 선생님이었어요.

"장재열 씨죠? 말씀 많이 들었어요."

"무슨 얘기요? 골치 아픈 환자라는 얘기요?"

"호호. 완전 틀린 말은 아닌데…. 그건 그렇고 제가 고민을 좀 해봤거든요? 저는 상담 대신에 재열 씨께 숙제를 하나 드리려고요."

황당해하는 저를 보며 선생님은 설명을 이어갔어요.

"재열 씨, 어쩌면 답은 본인 안에 있을지도 몰라요. 지금 재열 씨의 마음은 단단한 플라스틱 상자 안에 들어간 것처럼 막혀 있어 보여요. 재열 씨는요. 약간 원망감이 있을지도 몰라요. '세상이나 어른들이 열심히 살라는 방식대로 살았는데, 왜 결과가 보상이 아니라 정신질환이지?'라는 원망? 그래서 어른인 우리들의 말에 거부감이 드는 걸지도 모른다는 생각을 했어요. 대신에 그 닫혀 있는 상자 안에 있는 재열 씨 스스로가 제일 좋은 조언자일지도 몰라요. 그래서 제가 내줄 숙제는 자문자답 글쓰기예요. 상담

오시지 않아도 돼요. 상담료 내지 않아도 돼요. 그냥 한번 써보세요. 제가 틈틈이 봐드릴게요."

상담 대신 시작한 못 미더운 숙제 한 장. 생각지 못한 변화는 거기서 시작되었습니다.

micro ritual

3

다시 올라갈 힘은
어디서 나오는 걸까

처음 상담사 선생님의 '숙제' 이야기를 들었을 때, 바로 할 마음이 생긴 건 아니었어요. 밥 먹을 힘도 없이 잠만 자는 내가 무슨 수로 글을 쓸 수 있을까 싶었지요. 하지만 돈도 받지 않겠다는 그 선의가 고마워서 일단 하겠노라고 말했어요.

방법은 간단했어요. 인터넷에 블로그를 하나, 아이디를 두 개 만드는 거였어요. 한 아이디로는 내가 내담자(상담받는 사람)가 되어서 사연을 쓰고요. 다음 날 아침이 되면 다른 아이디로 접속한 뒤, 내가 상담자라 생각하고 전날 쓴 고민에 답변을 다는 거였죠. 혼자서 고민을 쓰고, 답변도 다는 거였어요. 선생님은 일주일에 한 번씩 블로그를 방문해서 응원이나 조언을 해주곤 했어요. 첫 글이 아직도 기억나요.

── "나는 열심히 산 죄밖에 없는데, 왜 이런 꼴이 됐을까?"

"너, 열심히 산 건 맞아. 하지만 가고 싶은 목적지가 있었던 것
도 아니고, 하고 싶은 일이 있었던 것도 아니잖아. 그저 뒤처
지기 싫어서 열심히 뛴 거 아니야? 좋아하는 일이 있어서 달
리는 사람과 불안감 때문에 달리는 사람은 지치는 속도 자체
가 다르지 않을까?"

짧은 글이었지만 충격이었어요. 미대를 나왔기에 글쓰기에 익숙
하지 않은 저였는데, 순식간에 글을 써 내려가고 있었어요. 제 자
신에게 하는 말이라 눈치 볼 것도 없이 냉정하고 뾰족한, 딱 저다
운 글이었어요. 어쩌면 이 안에서 조금은 힌트를 찾을 수 있을지
도 모른다는 생각과 선생님이 매주 확인하러 들어온다는 부담감
을 안고 일단 매일 써보자 다짐했지요. 그런데 딱 한 번은 했지만
계속은 어렵더라고요. 사연은 쓸 수 있는데, 답변을 달기가 너무
어려웠어요.

그렇게 사연만 쌓이고 답변은 달지 못하던 어느 날, 선생님이
댓글을 달았어요.

"아주 잠깐이라도 나가보면 어때요? 아무도 없는 새벽에요. 바
깥 공기를 마시고 와서 글을 써보는 거예요."

아주 짧은 코스를 반복적으로 돌아보라고 하더군요. 일명 마이

크로 산책이었죠. 열심히 사는 사람들을 보는 게 싫어서 집 밖에 안 나간 지 꽤 되었다는 제 글을 보고 아이디어가 떠오르신 것 같았어요. 댓글을 확인한 시간은 새벽 4시. '지금이라면 아무도 없겠다' 싶어 대문을 살짝 열어봤지요. 몇 달이나 집에만 있다 보니 계절이 겨울로 바뀐 줄도 몰랐어요. 새벽 공기가 좋아서 문득 자전거를 타고 싶더군요.

그날부터 저는 새벽 4시가 되면 자전거를 끌고 나왔어요. 항상 10분씩 비슷한 코스를 돌았어요. 매일 같은 장면을 보다 보니, 아주 사소한 변화들이 눈에 들어오더군요. 어제까지는 분명 깡마른 겨울나무였는데 오늘 새싹이 뿅 나오기도 하고, 매일 차 밑에서 자던 길고양이를 위해 누군가 박스로 보금자리를 만들어준 것도 보였어요. 점점 봄으로 향해 가면서 코끝에 닿는 공기의 온도도 달라지는 걸 느꼈죠. 해가 뜨는 시간도 아주 조금씩 빨라지고 있더군요. 이렇게 사소한 변화들과 함께 제겐 작은 희망이 생겼어요.

'선생님 말대로, 매일 비슷해 보여도 아주 조금씩 나아지고 있는 걸지도?'

그 후 저는 다시 제 고민에 답변을 달기 시작했어요. 석 달째에 접어들 때쯤 깜짝 놀랄 일이 터졌어요.

'307? 잠시만, 이게… 뭐지?'

블로그의 하루 방문자 수가 300명이 넘은 거였죠. 제 기분은 기뻤을까요? 아니요. 무서웠어요.

'이 블로그는 나와 선생님만 보는 비밀스러운 나의 일기장인데, 누가 내 치부를 읽고 있다고? 어디서 흘러온 거지?'

이런 생각이 먼저 들었죠. 이후 오르락내리락하던 방문자 수는 어느 날 1,000명을 넘겼어요. 그리고 제게 쪽지가 오기 시작했습니다.

"사연 제보는 어디로 하면 되나요? 여기로 하면 되나요? 저는 스물세 살인데, 상담사님이라고 해야 하나요? 아니면 저보다 조금 나이 많으신 것 같던데 편하게 언니라고 해도 되나요?"

나중에 알게 된 경위는 이랬어요. 꾸준히 글을 써온 제 블로그가 언제부턴가 검색 노출 기능에 반영되기 시작했어요. 우울, 퇴사 같은 단어들로 검색하면 네이버 상단에 노출되기 시작했던 거죠. 사람들은 사연과 답변으로 이뤄진 제 블로그를 보고 '상담 블로그구나'라고 착각해 사연을 제보하기 시작한 겁니다.

또 한 가지 특이점은 저를 대부분 여성으로 생각하고 있었어요. 이름도, 제목도 없는 블로그니까 글 속에 나온 힌트들(미대 졸업, 패션 회사 출신)로 막연히 저를 추측하고 있었던 거였어요. 당황스러웠고 부끄럽기도 했죠. 하지만 사람들의 사연을 읽다 보니 뜻밖의 치유도 일어났어요. '나만 이런 게 아니구나'를 피부로 느끼게 되었거든요.

'세상 전체로 눈을 넓히면, 나 같은 친구들이 참 많구나.'

그들에게 도움을 줄 순 없고, 그저 답장을 보냈어요. 사실 전환자이고 이건 제 치료의 과정이며, 저는 남자(!)라고요. 도움이 못 되어서 미안하다고요. 대부분은 몰랐다, 미안하다, 응원한다며 돌아갔어요. 그런데 특이하게도 몇몇 사람은 다시 이런 답장을 보내왔죠.

"아, 그러셨구나. 몰랐어요. 죄송해요. 근데 저도 상담 다니고 병원 다니는데, 그냥 우리 펜팔 친구 같은 거 하면 어때요?"

그렇게 몇몇 친구와 펜팔을 시작했어요. 서로 살아가는 이야기, 상담받고 온 이야기를 나누면서 응원과 지지를 보내기 시작했지요. 시간이 흘러 펜팔 친구가 스무 명이 넘었어요. 우리는 내담자이자 상담자처럼 서로의 이야기를 들어주었지요. 때로는 만나서 커피 한잔을 하기도 했어요. 새벽에만 밖을 나오던 제가 낮에도 나오기 시작했어요.

조금씩 회복해가던 어느 날, 저는 한 친구를 찾아갔어요. 오랫동안 제 글을 읽어오던 독자이자 펜팔 친구였지요.

"계속 메일은 오는데, 내가 어떻게 도와줘야 할지 모르겠어. 너는 상담심리학과 대학원생이니까 나보다 낫지 않을까? 나 좀 도와줘. 우리와 비슷한 고민을 가지고 있는 친구들이 이렇게 많은데, 나는 전공자도 아니고 아는 것도 없잖아. 그런데 마음은 자꾸 끌려. 그 친구들 이야기를 들어줄 수 있는 방법이 없을까?"

친구는 말했어요.

"꼭 전문 상담사일 필요 없잖아. 친구도 고민은 들어줄 수 있지. 학교 대나무숲 같은 것처럼 말이야. 그걸 또래 상담이라 하거든. 한번 해볼까? 대신 우리는 상담 전문가가 아니라 또래 청년이라는 것을 밝혀야겠지. 오해가 없도록."

그렇게 또래 청년들의 고민을 들어주는 자원봉사를 하기로 일곱 명의 친구가 마음을 모았어요. 이름은 '청춘상담소 좀놀아본 언니들'로 정했습니다. 왜 가끔은 의사나 상담사보다 동네 친한 언니가 더 든든한 지원군이 되기도 하잖아요. 그런 존재가 하나쯤은 우리 곁에 있었으면 좋겠다는 마음으로 지은 이름이었죠. 2030 세대 누구든지 고민을 써서 보내면, 돈을 받지 않고 답장을 보내주기로 했어요. 어느새 정신을 차려보니 NGO 단체로 등록이 되어 있었고, 저는 대표가 되어 있었습니다.

언제나 뒤처지지 않으려 애쓰던 제가, 타인에게 무시당하지 않으려 발톱을 세우던 제가, 누군가와 함께 공생하고자 하는 마음을 품은 건 참 낯설었습니다. 하지만 제 치유를 위해 만든 블로그가 눈덩이처럼 불어나고, 사람이 모이고, 거기서 뜻을 맞춰나가는 과정은 마치 시냇물 흐르듯이 자연스러웠어요. 그래서 그 '자연스러움'을 믿고, 저의 삼십 대를 걸어보기로 마음먹었습니다. 단 한 번도 하고 싶다고 생각한 적이 없는 일, 타인을 돕는 일에 말이지요.

당신을 위한 리추얼 가이드

리추얼 레시피

제 인생의 첫 번째 번아웃에는 두 가지 리추얼이 있었지요? 제 스스로 내담자이자 상담자가 되는 '자문자답 글쓰기'와 매일 같은 곳을 돌며 사소한 변화들을 감지하는 '마이크로 산책'이었죠.

책 중간중간 책 속의 코너인 **'당신을 위한 리추얼 가이드-리추얼 레시피'**가 여러분을 찾아옵니다. 리추얼 추천과 함께 자세한 방법을 소개해드리기도 하고요. 여러분만의 리추얼을 찾기 위한 질문을 드리기도 할 겁니다. 앞선 이야기처럼 제가 삶에서 직접 경험했던 것도 있고, 상담하면서 내담자분들에게 권하고 함께 해봤던 것도 있습니다. 가까운 친구나 지인과 나누던 대화에서 힌트를 얻은 것도 있지요.

각 에피소드는 에세이를 읽듯 재미있게 즐겨주시고 이 책 속의 코너에서는 여러분이 주인공이 되어 직접 체험해주세요. 그럼 먼저 자문자답 글쓰기와 마이크로 산책에 대해 설명해드릴게요.

자문자답 글쓰기

자문자답 글쓰기는 저처럼 블로그를 만들어도 좋고, 일기장에 써도 좋습니다. 하지만 중요한 점은 두 페르소나(persona, 가면 자아)를 분리하는 것! 고민을 쓸 때는 지금 내 고민을 그대로 써 내려가면 되지만, 답변을 쓸 때는 타인의 글이라 생각하고 낯설게 보는 것이 중요합니다.

이를 위한 몇 가지 팁이 있는데요. 알려드릴게요.

1) 블로그를 만들 경우에는 두 개의 아이디를 만들어보세요.

첫 번째 아이디로 블로그 본문에 사연을 쓴다면, 두 번째 아이디로는 블로그 댓글에 상담 답변을 달아주는 형태로 해보는 겁니다. 그림으로 본다면 이런 형태가 되겠죠?

BLOG • • •

🎼 **희망공원**

안녕하세요? 요즘 자꾸 밤에 숙면을 취하지 못하고 있어요.
부정적인 생각이 꼬리에 꼬리를 물고 이어져서…

👤 **좀먹어본언니**: 그럴 때는 차라리 몸을 좀 움직여보면 어떨까요?

2) 노트에 쓴다면 펜의 색깔을 다르게 해보세요.

사연을 쓸 때는 검은색 펜으로 쓴다면, 답변을 달 때는 파란색 펜으로 써보는 거죠. 여기서 조금 더 나아가서 사연은 왼쪽 상단 정렬로, 답변은 오른쪽 하단 정렬로 쓰면 시각적으로 완전히 분리가 되지요.

> **고민 내용**
> 희망공원
> 안녕하세요? 요즘 자꾸 밤에 숙면을 취하지 못하고 있어요.
> 부정적인 생각이 꼬리에 꼬리를 물고 이어져서…
>
> **상담 내용**
> 좀먹어본언니
> 그럴 때는 차라리 몸을 좀 움직여보면 어떨까요?

3) 사연은 하루쯤 묵혀뒀다가 답변을 하세요.

많은 화가들이, 그림을 그리다가 어딘가 잘못되었는데 어딘지 모르겠다면 그림을 보이지 않는 곳에 사나흘 넣어둡니다. 그리고 다시 그것을 꺼내면 어디를 수정해야 할지 보인다고 해요. 계속 캔버스에 집중해 있을 때는 보이지 않던 문제들이 낯설게 바라보면서 객관적으로 발견되는 것이지요.

이렇게 내 고민에도 당장 답변이 떠오르지 않는다면, 하루쯤 잠을 자고 다른 날 답변을 달아보세요. 어제의 나와 오늘의 나는 미묘하게 달라진 감정, 태도, 컨디션을 보일 거예요. 그만큼 어제의 글이 오늘은 다르게 보일 수도 있지요. 즉시 답변을 쓰는 것보다 조금 더 객관적인 시각의 답변이 나올 거예요.

4) 그래도 어렵다면 고민만 쓰세요.

답변이 너무 어렵게 느껴진다면 고민만 한두 줄로 틈틈이 써두세요. 1~2주가 지났을 때쯤 내 고민을 쭉 훑어보다가 '이건 답변할 수 있겠다'라고 생각되는 것을 먼저 골라 답변해보는 겁니다. 일종의 몸풀기랄까요? 어제 쓴 고민에 오늘 꼭 답변을 남겨야 한다는 강박을 갖지 않아도 좋아요. 오히려 낯설게 하기를 오래 하면 할수록 답변하는 게 더 쉬워진답니다.

저를 위해 자문자답 글쓰기를 알려주셨던 10년 전의 아줌마 상담 선생님처럼, 이번엔 제가 여러분의 아줌마 상담사 선생님이 되어드릴 차례네요. 연습 페이지를 준비했습니다.

자, 해볼까요?

고민 내용

상담 내용

고민 내용

_____

_____

_____

_____

_____

_____

_____

_____

상담 내용

_____

_____

_____

_____

_____

_____

_____

_____

마이크로 산책

리추얼은 간단한 것이라 했는데, 자문자답 글쓰기는 간단해 보이지 않는다고 생각하는 분들이 있을 겁니다. 안심하세요. 이 책에서 소개할 대부분의 리추얼은 간단합니다. 그중에서도 마이크로 산책은 정말 간단합니다. 말 그대로 마이크로(100만분의 1, 그만큼 작은 단위)한 범위를 정해서 걷는 거예요.

마이크로 산책은 미국 브루클린의 직장인들에게서 시작된 리추얼 트렌드입니다. 2006년경부터 시작되었는데요. 100미터 정도의 구간을 정해서 매일 걷는 것에서 시작되었지요.

100미터를 걸으면 얼마나 걸릴까요? 성인의 경우 초당 1.2~1.5미터를 걷습니다. 즉 100미터는 일반적인 걸음걸이로는 1분이 채 안 걸리는 거리입니다. 정말 마이크로한 짧은 구간이지요?

대신에 아주 천천히 걷는 것이 포인트입니다. 평소보다 두 배 이상 느리게 걸으면서 주변을 관찰하는 것이지요. 단순히 걷기만 하는 게 아니고요. 매일매일 조금씩 변화하는 거리의 모습에 관심을 기울이며 자세히 관찰하는 겁니다. 마치 현미경으로 무언가를 관찰하듯이 말이에요.

현미경이 영어로 'microscope'라는 걸 알고 계세요? 마이크로 산책에 쓰이는 'micro'라는 단어는 산책 길이가 아주 짧다는 뜻이기도 하지만, 현미경처럼 그 짧은 거리를 자세히 관찰하며 변화를 느끼라는 의미이기도 하답니다. 아주 중의적인 표현이죠?

자, 그럼 여러분도 한번 해볼까요?

1) 마이크로 산책을 하고 싶은, 할 수 있는 시간대를 설정한다.
2) 그 시간대에 내가 어디에 있는지(집, 퇴근길, 직장 등) 지도에서 찾아본다.
3) 가장 걷고 싶은 구간을 설정한다.
4) 매일 2~3분 이내로 걷는다.

딱 일주일만 기록해볼까요? 천천히 걸었는지 확인하기 위해 시간도 써봅시다.

	수행 여부	소요 시간	오늘 발견한 것
1일차			
2일차			
3일차			
4일차			
5일차			
6일차			
7일차			

혼자 산다는 건,
내가 나를 반겨줘야 하는 것

상담소는 시작과 동시에 성황이었습니다. 꾸준히 써온 포스팅이 쌓여 있었기에, 이미 제 글을 읽고 있는 사람들이 1만여 명이 넘은 상태였거든요. 글 끝에 이메일 주소를 공개하니, 그날부터 메일이 쏟아지기 시작했습니다. 저와 동료들은 여러 가지 생각이 들었어요.

'고민을 말할 데가 없는 사람들이 이렇게 많았구나.'

'우리 또래가 살아가는 고민은 다 비슷하네.'

'다들 참 애쓰면서 지내고 있구나.'

'여기에 편지를 보내는 이 마음은 오죽할까?'

우리 모두 비슷한 시기를 겪었던 경험이 있기에 말하지 않아도 통하는 느낌이 있었어요. 부모님에게 말하기엔 걱정을 끼칠 것 같고, 친구들에게 너무 자주 하소연하면 미안하고, 어느새 입을 닫아버리게 되는 그 마음을 너무 잘 알았거든요. 특히나 혼자 사는 사람들이 많더군요. 서울로 올라와 자취하는 대학생, 파견 근무를 간 직장인, 가족 때문에 상처받아서 혼자를 택한 사람까지….

그중에서도 스물다섯 살 아현 씨는 특히 외로움에 지쳐가고 있었어요. 그녀는 일본으로 혼자 떠난 해외 취업 청년이었거든요. 이틀에 한 번꼴로 메일을 보내는 그녀의 글에는 언제나 '집에 돌아왔을 때의 공허함'이 담겨 있었어요.

"일본 집은 겨울에 특히 춥거든요. 일을 마치고 돌아오면 아무도 없는 그 냉기가 더 마음을 움츠러들게 하곤 해요. 그래서 가끔은 허공에 대고 '다녀왔습니다'라고 말하기도 하는데, 그러고 나면 더 혼자인 게 느껴지기도 한답니다. 가끔은요. 불을 안 켜고 그냥 바로 욕실로 들어가기도 해요. 불을 켜면, 이불이며 신발이며 아침에 허둥지둥 나간 흔적들이 보이잖아요. 그럴 때 가끔 '현타'가 오거든요. '왜 이 먼 데까지 와 고생을 사서 하나' 싶은 마음이 들어서요. 내 선택이 잘못되었던 건 아닐까 의심과 후회가 밀려올까 봐 겁이 나기도 하고요."

아현 씨는 향수병을 겪고 있었어요. 좋아하는 일을 찾아서 떠난 해외인데, 그 '혼자'라는 감정이 어느새 일에 대한 만족감을 눌러버리고 있었던 거지요. 좋아하는 일을 다 접고 귀국을 고민할 정도로요. 그 감정에서 벗어나기 위해 그녀는 얼굴도 모르는 우리에게 계속 편지를 보내고 있었어요. 그 마음이 너무 찡해서 뭐라도 돕고 싶다는 생각이 들었어요.

하지만 우리는 심리상담사 선생님들이나 정신과 의사 선생님들처럼 무언가 처방을 해줄 수는 없었어요. 우리의 역할은 '들어주는 또래 친구(gate keeper, 게이트 키퍼)'였으니까요. 물론 매번 정성스러운 답장을 해주는 것만으로도 도움이 되겠지만, 집에 돌아오는 그 순간의 허전함을 너무 잘 알아서 저는 한 가지 제안을 담은 편지를 썼지요.

"아현 씨, 저도 거센 감정에 짓눌려서 내 선택을 스스로 포기했던 적이 있어요. 회사도 퇴사해야 했고, 집에서 은둔하기도 했지요. 그런데 지금 다시 어떻게 회복하고 살아내게 되었을까 돌이켜보면 생각보다 아주 작은 일상의 변화가 그 트리거(trigger, 방아쇠)가 되었더라고요. 혼자 산다는 건 아무도 반겨줄 사람이 없다는 뜻으로 느껴질 거예요. 그 마음 저도 공감해요. 저도 꽤 오래 혼자 살아왔으니까요. 하지만 내가 나를 반겨줄 수 있더라고요."

무슨 말이냐고 묻는 아현 씨에게 제 작은 습관들을 소개했어요. 바로 이불 정리와 신발 정리였죠. 번아웃과 우울증이 오기 전까지, 저는 이불 정리를 하지 않는 사람이었어요. 굳이 할 필요를 못 느끼기도 했고, 아침마다 너무 바쁘니까 그럴 정신이 없었거든요. 그런데 우울증을 겪으면서 알게 됐어요. 너무 지쳐버리면 마음이 아주 작은 난관에도 무척 쉽게 무너지곤 한다는 걸요.

한때 '우울증 겪어본 사람만 공감하는 글'이라는 트위터 게시물이 아주 화제가 됐었지요. 어떤 우울증 환자가 약봉지를 손으로 뜯다가 안 뜯어지니, 바로 '살고 싶지 않다'는 생각으로 이어졌다는 이야기였어요. 댓글은 반반으로 나뉘었어요. '그냥 가위를 가져오면 되잖아?'와 '정말 이 마음 알겠다'로 말이에요. 왜 겨우 봉지 하나 뜯는 그 정도의 일에 누군가는 이토록 절망하는 걸까요? 이유는 이렇습니다.

'안 되네. 진짜 안 되네. 나는 이 작은 봉지 뜯는 것 하나도 제대로 안 되네. 이것조차도 안 되네….'

어떤 느낌인지 감이 오시나요? 잘 안 뜯어지는 약봉지 하나가 아닌, 그것이 무수히 많은 실패들의 연장선으로 느껴지는 거죠.

그 작은 난관이 저에게는 이불이었습니다. 마음이 건강할 때는 아무렇지 않았던 그 헝클어진 이불이, 어느 날부터 엉망진창인 내 일상처럼 느껴지는 거였어요. 작은 원룸으로 들어서면 제일 먼저 보이는 엉망진창의 이부자리. 어차피 어질러진 집이니 그 위에서 그냥 과자를 먹기도 하고, 봉지를 그대로 두기도 하면서 점점 마음과 함께 공간도 허물어져가더군요.

그러던 어느 날, 불면증으로 밤을 꼴딱 새우다가 생각했어요.

'어차피 자긴 글렀고… 알바 가려면 1시간은 넘게 남았는데 뭐 하지?'

당시엔 유튜브도 넷플릭스도 유행하기 전이었으니 딱히 뒹굴거릴 것도 없었지요. 시간도 때울 겸 이불에 페브리즈를 뿌리고 쫙쫙 폈어요. 호텔 이불처럼 말이죠. 그리고 현관의 신발을 가지런히 놓아봤어요. 흰색, 검은색 운동화를 쭉 분류했지요. 딱히 무슨 힐링 효과를 기대하고 한 건 아니었어요. 그냥 시간이 남아돈 것뿐이었죠.

그런데 그날 밤 귀가해서 문을 열었을 때 저의 기분은 현저하게 달랐어요. 공허감이나 외로움이 아니라, 안도감과 안정감을 느꼈지요. 비록 아무도 없지만 집이 나를 맞이해주는 기분이 들었어요. 아니, 정확히는 내가 나를 맞이해줬다는 게 맞는 표현이겠죠. 평소보다 아주 조금 부지런히 움직인 아침의 내가, 잔뜩 지쳐버린 저녁의 나를 맞이해주는 거였으니까요.

그 후로 저는 매일 이불 정리와 신발 정리를 하고 집을 나서기 시작했어요. 때로는 너무 피곤하고 귀찮은 날도 있었지만, 그럼에도 매일 이불을 폈어요. '저녁의 나는 지금의 나보다 더 힘들

테니까'라는 생각으로요. 나도 모르는 사이에 하나의 리추얼이 만들어진 거죠.

아현 씨에게도 그 사소한 1분을 전해주고 싶었어요. 우리의 마음이 사소한 것에 무너진다면, 반대로 사소한 것으로 다시 단단해질 수도 있을 테니까요.

아현 씨에게 다시 연락이 온 건, 그로부터 2년 뒤였어요.

"저 여전히 포기하지 않고, 일본에 있습니다. 지독하게 힘들었던 그 시간 동안 말벗이 되어주셔서 너무 감사했어요. 그리고 내가 나를 돌볼 수 있다는 사실도 알려줘서 고마웠어요. 그 전까지는 누군가가 날 도와주지 않으면 일어설 수 없다고 생각했거든요. 이제 혼자서도 잘 살아갈 수 있다고 생각할 때쯤, 신기하게도 둘이 됐어요! 다음 달에 결혼합니다. 이불도 아주 잘 개고 신발 정리도 잘하는 남자랑요. 축하해주시리라 믿어요. 정말 고마웠고, 감사했습니다."

저녁의 나를 위해 아침의 내가 할 수 있는 것

여러분은 어때요? 만약 혼자 살고 있다면, 또는 누군가와 함께 살아도 먼저 귀가를 한다면 집에 들어갔을 때 텅 빈 공간을 마주하게 되지요. 그럴 때 어떤 감정이 드나요? 그리고 나의 공간은 어떤 모습을 하고 있나요? 만약 편안하지 않다면 그 이유는 무엇일까요?

집에 들어왔을 때, 나의 마음을 안락하게 하는 것과 불편하게 하는 것을 정리해봅시다. 저의 예시를 한번 볼까요?

내 마음을 안락하게 하는 것	내 마음을 불편하게 하는 것
<ul><li>잘 정리된 이불</li><li>현관에 가지런히 놓인 신발들</li><li>완전 깜깜하지 않게 살짝 켜놓은 무드등</li><li>현관 디퓨저에서 나는 좋은 향기</li></ul>	<ul><li>뱀 허물처럼 벗어놓은 잠옷들</li><li>어제 먹고 정리 안 한 배달음식 그릇들</li><li>자유분방하게 널브러진 이불과 베개</li><li>원인 모를 쿰쿰한 냄새</li><li>태산같이 쌓인 재활용품</li></ul>

이 중에서 한두 가지만 골라봅니다. 내 마음을 편안하게 하는 것을 해도 좋고요. 내 마음을 불편하게 하는 걸 치워두고 가는 것도 방법입니다. 핵심은 두 가지예요. 1~2분 이내로 처리할 수 있는 간단한 것 고르기, 그리고 처음부터 전부 다 하려 하지 않기입니다.

저는 맨 처음은 이불 정리로 시작했고요. 어느 정도 익숙해지고 난 뒤에 잠옷을 베란다에 걸어놓고 집을 나서는 걸로 하나 정도 더 추가했어요. 집으로 돌아온 나에게, 깨끗하게 걸어둔 잠옷을 입고 잘 펴진 이불 위에 눕는 안락함을 선물하는 거죠.
저보다 조금 더 부지런한 분이라면 더 디테일한 것을 할 수도 있겠지요? 저녁에 들어오자마자 먹을 녹즙을 갈아둔다거나 뭐 그런 거요. 어떤 것이든 좋습니다.

자, 한번 써볼까요?

내 마음을 안락하게 하는 것	내 마음을 불편하게 하는 것

마음은 아주 사소한 것에 무너지고, 또 일어난다

상담소 활동을 하면 할수록 뜻밖의 친구들이 생겼어요. 바로 종교인이었어요. 신부님, 수녀님, 스님, 목사님까지 참 다양한 분들과 만나게 되었답니다. 주로 인터넷을 보고 먼저 연락을 주시는 경우가 많았는데요. 처음에는 나이 지긋하신 어른들이라 어려웠지만, 한두 번만 뵈면 금세 친구가 되었어요. 생각보다 우리는 공통점이 많은 사람이더라고요.

첫째, 누군가가 항상 고민을 가지고 찾아온다.

둘째, 돈을 받지 않는 봉사 활동이다.

셋째, 도움을 주려고 노력하지만 의사와 같은 도움을 줄 수는 없다.

넷째, '그럼 나는 어떻게 도울 수 있을까?'라는 역할에 대해 고민한다.

정말 접점이 많지요? 때로는 제가 그분들께 "이런 고민이 오면 어떤 말씀을 해주세요?"라고 물으며 지혜를 얻기도 하고요. 반대로 그분들은 "요즘 젊은 친구들이 이런 고민을 하는데, 나는 기성세대라…" 하며 제게 의견을 묻기도 했어요. 그래서인지 한번 만나면 기본 네다섯 시간은 훌쩍 가더라고요.

그중에서도 가장 자주 만났던 건, 리디아 수녀님이었어요. 성당에 찾아오는 청년 한 명, 한 명에게 정성을 다해 마음을 쓰는 분이었지요. 그들을 위해서 서울로 상담 공부를 하러 다니는 중이라고 하셨어요. 버스로 족히 4시간은 걸리는 지역에 살면서도 한 달에 서너 번 서울까지 왕복하시곤 했지요. 그때마다 우리는 차를 마시곤 했어요.

그러던 어느 날, 수녀님이 조심스럽게 부탁을 하시더군요.

"재열 씨, 저희 성당에 오던 청년 하나가 있는데, 어느 날부터 오질 않아 수소문을 해보니 방 안에 틀어박힌 지 한참 되었다고 해요. 가족들과도 전혀 대화가 없고 다니던 상담센터도 그만둔 지 좀 되었대요. 제가 가도 문을 열어주지 않던데, 혹시 재열 씨에게 메일을 보내보라고 이야기해도 될까요?"

솔직한 심정으로는 부담이 됐어요. 4시간이나 떨어진 거리에 사는 청년이라 만나볼 수도 없고, 전문 상담사 선생님도 돕지 못한 청년을 내가? 그런데 결국 메일을 나누기로 했지요. 예전에 은둔 경험이 있던 또 다른 청년이 제게 했던 말이 기억났거든요.

"제가 3년을 집에 틀어박혀서 나오질 못했는데, 어느 날 대학 동기가 소식을 듣고 속옷 열 벌과 양말 열 켤레를 보내줬어요. 자기도 은둔 경험이 있어서 다 안다며, 빨래도 안 한 지 오래되었을 테니 이거 입고 나오라고요. 그 소포 하나가 저를 집 밖으로 나오게 했어요."

양말과 팬티를 부쳐주는 그 마음처럼 나도 편지를 써보자고 생각했지요. 메일을 쓰라고 강요하면 거부감을 일으킬 테니, 우리 상담소 안내문을 하나 프린트해서 책상에 슬쩍 두라고 말했어요. 그의 눈에 띄는 곳에다가요.

그 청년, 태경 씨로부터 사연이 온 것은 넉 달 뒤였어요.

태경 씨는 과거의 저와 참 많이 닮아 있었어요. 넉넉지 않은 가정 형편, 왕따와 학교폭력의 경험, 대학입시 실패까지…. 저와 다른 점이 있다면 저는 결국 삼수 끝에 원하던 대학을 가면서 과거의 트라우마를 일부 털어낼 수 있었지만, 그는 "우리 집안에 재수란 단어는 없다"는 부모님의 반대로 재수를 할 수 없었다는 거였어요. 이후로 그는 '학벌 콤플렉스'에 사로잡혀, 학벌이 장벽이 되지 않는 (자신의 생각에) 유일한 길인 공무원 시험에 매달렸어요. 그리고 4번의 낙방 끝에 방에 틀어박히게 되었지요. 그는 말했어요.

"사실 방에서 안 나가게 된 건 갈비찜 냄새 때문이었어요. 그냥 네 번째 불합격한 날, 엄마는 매운 갈비찜을 하고 있더군요. 제가 제일 좋아하는 음식이었어요. 그런데 감사한 게 아니라 부담스러웠어요. 그때 재수한다고 할 때 시켜주지, 이제 와서 왜 저렇게 자상한 척하는 건가 하는 생각이 들더군요. 자기혐오가 생겼어요. 떨어진 건 나고, 인생이 꼬인 것도 내 탓인데 부모 탓을 하고 있는 꼬락서니가 너무 한심하더라고요. 앞으로도 계속 실패하며 부모 탓이나 하느니 아무것도 하지 않는 게 낫겠다는 생각이 들었어요. 그때부터 안 나가다 보니 이젠 못 나가겠네요."

그의 삶은 온통 실패뿐이라는 말이 참 아프게 다가왔어요. 회복하는 것도 실패할까 봐 정신과도 성당도 가지 않는다고 했어요. 제가 그에게 해줄 수 있는 말이 무엇일까…. 막막했어요. 답장을 나흘이나 쓰지 못했지요.

그러다가 내 삶을 돌아봤어요. 나는 언제 어떻게 다시 일어날 수 있었는지요. 저에게는 마이크로 산책이 시발점이었지요. 그 산책 자체가 가진 치유의 힘보다, 매일 하루도 안 빠지고 뭔가를 했다는 그 자체가 더 큰 활력을 주었다는 걸 느꼈어요. 그래서 태경 씨에게 메일을 보냈지요.

"태경 씨, 제가 어디선가 들었는데요. 사람은 7일, 21일, 49일, 100일간 무언가를 꾸준히 하면 하나의 습관이 된대요. 뇌에서 물길 트이듯이 습관이 트인다나요. 혹시 어떤 것이든지 좋으니 꾸준히 할 만한 게 있을까요? 방에서요. 그냥 종이에 선 하나 그어도 좋아요. 이 정도면 100일 동안 할 수 있겠다. 이 정도는 껌이지 싶은 것으로 정해볼까요?"

태경 씨는 자기 전, 휴대폰 그림판에 선 하나를 긋고 눕기로 약속했습니다. 매주 일요일에 그걸 모아서 저에게 메일로 보내기로 했지요. 처음엔 아무 내용 없이 사진만 첨부해서 메일이 왔습니다. 그래도 저는 계속해서 편지를 써 보냈지요. 밖에 나가지 않는 그에게 계절 이야기, 꽃 이야기, 당시 유행하던 대만 카스텔라 이야기 같은 것을 혼잣말처럼 적어 계속 보냈습니다.

10주쯤 지났을까요? 어느 날 그가 변하기 시작했어요. "안녕하세요. 메일 보냅니다. 첨부파일 확인 바랍니다"라는 문장도 써서 보내기도 하고요. 딱 선 하나씩만 긋던 그림판에 별표를 그리기도 하고, 사과를 그리기도 하더라고요. 점점 사과는 사과나무가 되고, 사과나무 위에 별이 그려지기도 했습니다. 하나의 그림이 되기 시작한 거지요.

100일째 되는 날, 저는 리디아 수녀님을 통해 태경 씨에게 작은 선물 하나를 보냈습니다. 스마트폰에 더 편하게 그림을 그릴 수 있는 터치펜이었어요. 그리고 마지막 메일을 썼지요.

"태경 씨, 리디아 수녀님을 통해 작은 선물 하나 보냈어요. 축하해요. 100일간 '뭔가를 하겠다'라는 그 결심 자체를 성공해낸 거예요. 선 긋기 하나면 뭐 어때요. 태경 씨 인생에서 뭔가를 하겠다고 다시 결심하고 진짜 해낸 첫 경험이잖아요. 선이 사과가 되고 사과나무가 되었듯이, 태경 씨가 이루어갈 무언가도 조금씩, 아주 조금씩 사이즈업 하면 돼요."

몇 주 뒤, 태경 씨에게서 답장 하나가 왔습니다. 메일엔 아무 내용도 없었어요. 단지 사진 한 장이 있었어요. 인적 드문 새벽, 어느 전철역 3번 출구였어요. 태경 씨가 집 밖으로 나간 겁니다. 그리고 다시 몇 주 뒤엔 어느 계단 사진을 보냈어요. 사진 아래엔 이런 설명이 있었지요.

"터치펜을 쓰다 보니까 종이에 그림을 그리는 걸 해보고 싶었는데, 학원은 자신 없고 1 대 1 과외를 해준다는 곳이 있어서 가보려고 합니다. 응원해주세요."

그날 밤 리디아 수녀님과 전화를 붙잡고 한참을 펑펑 울었습니다. 그가 다시 밖으로 나갈 수 있게 된 것이 왜 그렇게 내 일처럼 느껴졌을까요. 어쩌면 수녀님도, 저도 알고 있기 때문일 거예요. 우리는 나약한 인간이고, 그렇기에 살다 보면 언젠가 태경 씨처럼 주저앉을 수 있다는 걸요. 하지만 그런 우리에게 태경 씨는 몸소 보여줬어요. 아주 사소한 것이 가진 희망의 가능성을요.

태경 씨는 어떻게 지내고 있냐고요? 벌써 3년차, 신입 딱지를 뗀 사회복지 공무원으로 살아가고 있답니다. 때때로 SNS 그림 전용 계정에 업데이트를 하면서요.

　여러분도 혹시 그때의 태경 씨처럼 인생에서 '무엇 하나 되지 않는 시기'를 살고 있나요? 그럴 땐 너무 애쓰지 말았으면 해요. 선 하나 그을 힘만 내어도 괜찮아요. 대신 꾸준히 선 하나를 그어 보자고요. 태경 씨의 선들이 켜켜이 쌓이고 모여 사과가 되고 나무가 되고 별이 되었듯이, 우리의 삶도 느리지만 분명하게 다시 일어날 수 있을 거니까요.

* 2022년 선종하신 따듯한 청년의 어머니, 고(故) 리디아 수녀님께 이 에피소드를 바칩니다.

무기력에서 벗어나는 힘, 마이크로 리추얼

저는 가끔 워크숍이나 강의를 할 때, 마이크로 리추얼이라는 단어를 씁니다. 리추얼을 시작할 땐 아주 작은 것부터 시작하라고 설명을 해왔는데요. 얼마나 작은 것인지 감을 잡기 어려워하시더라고요. 그래서 '직관적으로 확 와 닿는 표현이 없나?'라는 고민을 하다가 사용하게 된 용어지요.

말 그대로 아주 작은 것, 정말 현미경으로 봐야 할 만큼 사소한 것에서부터 시작을 하는 겁니다. 제가 태경 씨에게 "이 정도는 100일 동안 할 수 있다, 껌이다, 싶은 것에서 시작합시다!"라고 말했던 것 기억나시죠? 사실 리추얼은 두 가지 기능을 가지고 있거든요.

첫 번째는 앞에서 이야기한 이불 정리처럼 그 행위 자체가 어떤 효과를 가지고 있는 경우이고, 두 번째는 태경 씨의 선 긋기처럼 '해냈다'는 감정이 쌓여서 효과를 발휘하는 경우입니다. 후자는 주로 무기력한 상태거나 자기효능감이 떨어져 있는 사람에게 활력을 다시 불어넣어주는 효과가 있습니다.

뭘 하든지 전혀 상관없어요. 그냥 '뭘 하겠다고 마음을 먹었는데 그걸 해냈다'라는 게 핵심입니다. 종이접기 하나, 선 한 줄 긋기, 건강 박수 세 번

치기, 뭐 이 정도여도 전혀 상관이 없다는 거죠.

자, 여러분도 한번 종이에 써볼까요? 이 정도면 100일, 아니 1,000일 동안
도 매일 할 수 있겠다 싶은 최소 단위의 행위 말입니다. 다시 한 번 말씀드
리지만, 행위 그 자체에는 아무 의미가 없어도 됩니다.

너무 별 의미 없는 행동이라고요? 이런 게 뭔 도움이 되나 싶다고요? 그럴
수록 잘한 겁니다. 우리가 생각하는 사소함을 더욱 쪼개고 쪼개서 최소 단
위로 만들다 보면, 그 행위 자체는 큰 의미가 없게 느껴질 거예요.
하지만 '지속 가능성'이라는 의미가 있지요. 우리에게 '리추얼을 지속하는
힘'을 길러주는 연습이 된다는 뜻입니다. 그것이 쌓이면 다음 챕터들에서
소개할 더 깊이 있는 리추얼을 탑재할 수 있는 내공이 생겨난답니다.

아무것이나 골라서 기간을 딱 정해놓고 해볼까요? 100일이 아니어도 좋습
니다. 앞서 말한 7일, 21일, 49일도 좋겠네요.

재열이 생각하는 '이 정도는 껌이지!' 마이크로 리추얼	여러분이 생각하는 '이 정도는 껌이지!' 마이크로 리추얼
<ul><li>폰 메모장에 선 하나 긋고 자기</li><li>건강 박수 세 번 치기</li><li>아무 책이나 펼치고 딱 한 줄만 읽기</li><li>스트레칭 한 번 쭉 하기</li><li>친구 인스타 게시물에 칭찬 댓글 하나 달기</li><li>샤워하고 거울 속 나에게 '따봉' 한 번 해주기</li></ul>	

micro ritual

6

번아웃이 빈번한 직업을 보면
번아웃의 알고리즘이 보인다

태경 씨의 에피소드에서도 이야기했지만, 사람은 아주 사소한 계기로 무너지고 또 회복됩니다. 상담 현장에서 자주 접하는 깨달음이었지요. 엄청난 사건으로 무너지는 사람보다, 소소한 일들이 먼지 쌓이듯 소복하게 모이고 쌓여 서서히 가라앉는 사람들을 많이 봐왔기 때문이지요.

그런 사람들에게 당신 혼자만 그런 게 아니라고 말해주고 싶었어요. 그래서 한동안 책을 쓰는 대신 언론사 칼럼 연재를 했었어요. 책을 사지 않는 사람에게도 메시지가 가 닿기를 바랐거든요. 요즘은 칼럼이 신문 지면뿐만 아니라, 인터넷 기사로도 같이 올라가니 때때로 포털사이트 메인에 소개되기도 했어요. 댓글이 수백 개씩 달리곤 했습니다. 하지만 슬프게도, 위안을 얻는 사람들보다 삐딱한 사람들이 훨씬 많았어요. 다들 아시다시피 포털사이트에는 하루 종일 악플만 다는 분노로 가득 찬 사람들 무리도 있잖아요. 그들은 댓글로 이런 말들을 했어요.

"꼭 열심히 안 사는 것들이 드러누워서 번아웃이라고 함."

"주변에서 번아웃 외치는 사람들 보면 꼭 일은 안 하고 딴짓함."

"번아웃 언급하려면 일단 뭔가 굉장히 열심히 해서 뭘 좀 이뤄놓고 말을 합시다."

핵심은 독하게 열심히 살지 않은 사람은 번아웃의 '번'자도 말할 자격이 없다는 건데요. 삐딱한 사람들의 악플이라고만 치부하긴 어려운 게, 사실 이게 우리 사회에 꽤 만연한 인식이더라고요.

상담 현장에서도 비슷한 이야기를 자주 듣습니다. 단지 차이가 있다면, 댓글은 타인을 비난하고, 상담 오신 분들은 자기를 비난한다는 것뿐이에요. 번아웃을 호소하며 상담 오시는 분들 중에 "전 너무 열심히 살았어요. 너무 과하게 열심히요"라고 말하는 분보다는 오히려 이런 분이 훨씬 많습니다.

지난해에 만났던 서른세 살의 직장인 미연 씨의 에피소드입니다.

"재열 님, 저는 좀 이해가 안 되는 게, 내가 뭘 한 게 있다고 번아웃이 왔지 싶은 거예요."

"왜요? 뭘 한 게 없으면, 번아웃이 오면 안 되나요?"

미연 씨가 괜히 머리를 만지면서 어색한 표정으로 말했습니다.

"아니, 저 같은 사람 말고, 예를 들면 회사 일이 정말 고되고 힘겨운 사람에게 오는 게 맞지 않나 싶어서요. 스스로 뭔가 엄청 '갓생(God+生, 모범적이고 부지런하게 잘 사는 삶)'을 살겠다고, 새벽에 기상해 토익 공부하는 식으로 자기계발을 엄청 했거나 그런 것도 아니었는데…."

미연 씨뿐만 아니라 꽤 많은 분들이 공통적으로 말하는 포인트가 바로 이겁니다. 스스로 생각하기에 그저 수동적으로 회사에 오라면 오고, 집에 가라면 가고, 월급날 기다리면서 그냥저냥 시간 때우며 살던 사람이라는 거죠. 그런 자신이 번아웃을 겪는다면, 그러니까 만약 여러분이 미연 씨 입장이라면 어떤 감정을 느낄 것 같으세요? 황당하다는 생각이 드는 분이 많겠죠? '아니, 내가 뭘 했다고 번아웃이?'라는 생각이요. 그리고 '이거 그냥 게으른 핑계 아냐?'라는 생각도 들 거예요.

그런데 게으름도 무기력도 아닌, 진짜 번아웃 증상이라는 걸 깨닫고 나니까 미연 씨는 이런 생각이 들었대요.

'아니, 이 정도 삶으로 번아웃이 온다 하면, 열심히 살다간 아예 죽겠네?'

그 말을 들은 제가 물었죠.

"그럼 미연 씨 생각에, 번아웃이 올 자격이 있는 사람은 어떤 사람이에요?"

"재열 님, 〈다큐 3일〉 여의도 직장인 편 보셨어요? 요즘 짤방(사람들의 이목을 집중시키려고 온라인에 올리는 사진이나 동영상)에도 자주 올라오던데."

그녀가 말한 〈다큐 3일: '슬기로운 직장생활-여의도 미생 72시간' 편〉을 저도 기억합니다. 꽤 옛날 방영분이었는데요. 한동안 '갓생'이라는 단어가 유행하면서 '여의도 직장인들의 갓생'이라는 제목으로 한참 화면 캡처 사진이 돌았습니다.

뭐 내용은 간단해요. 새벽 5시에 일어나서 한강에서 러닝하고 6시에 출근하는 러닝동아리 사람들도 나오고, 출근 1시간 전에 회사 근처 카페에 들러 아침 공부를 하고 출근하는 분도 나옵니다. 그리고 무조건 30분 전에 회사 앞에 도착해서 공원 산책 30분을 꼭 하고 들어가는 분도 나왔지요.

미연 씨는 바로 이런 사람들을 말한 겁니다. 그들이면 몰라도 자신처럼 9시 정각에 회사에 아슬아슬하게 도착하고, 6시 땡 하면 퇴근해서 엎어져 있기만 한 사람이 번아웃이라니, 스스로가 한심하다는 겁니다.

그런 미연 씨에게 저는 한 가지 질문을 했지요.

"우리 사회에서 번아웃을 가장 많이 겪는 직업군 1순위가 뭔지 아세요?"

"글쎄요…. 서비스업?"

"아니요, 전업주부래요. 이유를 혹시 알겠어요?"

"그래요? 잘 모르겠어요. 엄마들이 고생하는 건 알겠는데, 왜 가장 높은 순위인지는…."

여러분은 혹시 이유를 아시겠어요? 만약 눈치채셨다면 대단합니다. 이미 번아웃의 알고리즘을 다 파악한 셈이니까요. 정답은 전업주부야말로 '노동량 대비 보상이 가장 적은 집단'이라는 거예요. 즉 번아웃은 단순히 얼마나 '빡세게' 살았느냐로 결정되는 개념이 아니라는 겁니다.

몸의 밸런스가 무너지면 과도한 운동 없이도 무릎 관절이 손상될 수 있듯이, 마음의 밸런스가 무너지면 과도한 노동 없이도 번아웃이 초래될 수 있습니다. 그 밸런스라는 게 바로 노동량 대비 보상의 밸런스라는 거지요. 다시 말해 일하는 만큼의 보상이 돌아오지 않는 상태가 오래 지속되면, 일상생활만으로도 서서히 지치고 임계점을 지나는 순간 번아웃이 찾아오는 거죠. 여기서 보상은 급여만이 아니라 인정 욕구, 일에서 느끼는 보람 등 심리 정서적 보상까지 포함한 개념이에요.

이 관점에서 여의도 직장인들과 미연 씨를 비교해볼까요? 만약 여의도 직장인 A씨가 하루에 남보다 120퍼센트만큼 더 에너지를 쓴다고 가정합시다. 하지만 건강, 보람, 활력, 빠른 승진 등 여러 가지 보상을 얻었고 그 총합이 130퍼센트 이상이라고 칩시다. 그렇다면 이 사람은 이 상태를 꽤 오래 유지할 수 있습니다. 물론 신체적으로 감당할 수 있는 수준의 일과라는 대전제하에 말이죠.

하지만 미연 씨는 60퍼센트 정도의 에너지를 매일매일 쓰면서 삽니다. 그러니 당연히 A씨보다 훨씬 게으르고 여유로운 삶같이 보이죠. 하지만 미연 씨는 '단 한 달도 쉬어선 안 되는' 집안의 경제적 상황 때문에 떠밀리듯이 취업해버렸고, 원하지 않았던 직장에 전공을 살리지도 못한 직무를 하며 살아가고 있습니다.

고향에서는 여성 청년들이 취업할 일자리가 너무 없어서 떠밀리듯 억지로 서울에 왔는데, 매달 월세 부담은 느껴야 하고 여전히 학자금 대출도 남아 있고 부모님 빚도 조금씩 갚아드리는 상황. 미연 씨의 일상에서 보상이라고 해봤자 배민(배달의 민족)에서 시켜 먹는 매운 떡볶이와 마라샹궈, 때때로 자기 기분 내킬 때만 애교를 떠는 반려묘…. 이 정도라는 거예요.

그 이야기를 차분히 듣다가 저는 말했지요.

"미연 씨, 이 모든 걸 다 합치면 몇 퍼센트짜리 보상일 것 같아요?"

"우리 고양이가 40퍼센트쯤 되는 것 같고, 나머지 다 끌어모아도 55퍼센트가 안 넘을 것 같아요."

그렇다면 미연 씨는 매일 살아가는 것 그 자체로 마이너스 5퍼센트씩 에너지가 소실되고 있는 거죠. 그렇게 누적되다가 임계점을 넘었기에 번아웃 신호가 찾아온 겁니다. 여기까지 듣던 미연 씨는 질문했어요.

"그럼 전 어떻게 살아야 하는 거죠? 에너지를 더욱더 아껴 써야 하나요? 절전 모드처럼?"

"그것도 틀린 말은 아닌데, 에너지를 적게 쓰는 것보다는, 나를 채워주는 정신적 보상을 늘리는 방식이 더 근본적인 해결책일 거예요. 지금 마이너스가 되고 있는 딱 5퍼센트, 그 정도만 더 채워주는 걸 찾자는 거죠. 그러면 플러스 마이너스 제로가 돼서 최소한 더 심한 상황까진 가지 않을 테니까요. 거창한 게 아니어도 돼요. 내 일의 의미를 딱 하나만 더 찾아본다거나 일상에서 사는 낙을 딱 하나만 더 만드는 거죠. 나를 스스로 잘 대접하는 요일을 정하는 방식도 좋고요."

한참을 고민하고 있는 미연 씨에게 저는 덧붙였습니다.

"에이, 정말 거창한 게 아니어도 된다니까요. 그냥 밥 먹을 때 조금이라도 정갈한 그릇에 담아서 먹는 것도 좋고요. 아니면 '매주 화요일만큼은 꼭 내가 나에게 건강한 음식을 먹인다!'라는 결심도 좋아요. 저 같은 경우는 너무 힘든 날은 '에이 몰라! 내가 제

일 중요하지!'라고 입 밖으로 크게 소리 내서 말하고 동네 목욕탕에 혹 다녀오기도 해요. 일은 잠시 던져놓고요. 그런 사소한 것들이 어느 순간 나 자신에 대한 존중이 되어주거든요."

여러분은 어떠신가요? 일상에서 나 자신에게 사소한 보상들을 만들어주고 있나요? 만약 미연 씨처럼 밸런스가 무너진 일상을 살고 있다면, 나를 '대접'한다는 것의 의미는 무엇일지, 나는 나를 어떻게 '대접'할 수 있을지 생각해보는 시간을 가져도 좋겠습니다. 가장 의미 있는 심리적 보상은 타인의 인정이 아니라, 자기 자신에게서 비롯된 인정과 존중이거든요.

마음에도 목욕이 필요해

저는 목욕을 정말 좋아해요. 미연 씨에게 일상의 5퍼센트짜리 보상에 대해 말하며 목욕을 언급했지만, 사실은 그것보다 훨씬 더 큰 비중을 차지하는 것 같아요. 세신도 진짜 좋아하는데, 비싸서 자주는 못 해요.

목욕 과정 중 제가 가장 좋아하는 순간은 다 마치고 건물 밖으로 나오는 바로 그 찰나예요. 몸이 굉장히 가벼워지고 눈이 생생하게 뜨이는 기분이잖아요. 어깨에 우루사 곰 세 마리쯤 달고 다니다가 한 마리쯤은 떼버린 느낌이랄까요? 세신받는 날은 두 마리쯤 떼어낸 느낌이고요. 그 힘으로 한 주를 또 살아가곤 하지요. 가끔은 바나나우유를 마시면서 이런 생각을 했어요.

'몸은 이렇게 케어할 수 있는 수단이 다양한데, 마음은 왜 안

그렇지?'

무슨 소리냐고요? 생각해보면 '몸이 안 좋다'라는 단어는 굉장히 다층적인 의미를 가집니다. 그만큼 몸을 돌보는 방식도 다양하지요. 예를 들어 컨디션이 조금 안 좋을 때는 목욕탕 가서 땀을 빼고 오기도 하고, 거기서 조금 더 안 좋다는 느낌일 때는 약국에 가서 약을 사 먹습니다. 더 심할 땐 병원을 가고, 그보다 심각할 땐 대형 병원을 가지요.

하지만 '마음이 안 좋을 때'는 약국이나 목욕탕 같은 가벼운 케어를 받을 수 있는 공간이 쉽게 떠오르지 않습니다. 정신의학과나 심리상담센터 외에 떠오르는 곳이 있나요? 별로 없지요. 그만큼 신체 건강에 비해 마음 건강은 아직 그 치료 체계의 층위가 다양하지 못한 거예요.

그런데 어느 날 마음의 때를 밀어주는 세신사 세 명이 나타났습니다. 전라남도 목포에서 세 명의 청년이 만들어낸, '마음목욕탕'이라는 이름의 프로젝트이지요. 이걸 기획하고 진행하는 당사자들을 '세심사'라고 불러요. 몸의 때를 밀어주는 세신사의 '신(身)' 대신 '심(心)'을 넣어 마음의 때를 밀어준다는 의미를 붙인 거죠. 재미있지요?

이들을 처음 만나게 된 건 2018년입니다. 그때는 누군가의 회복을 돕는 사람들이 아니라, 오히려 회복이 필요한 사람들이었어요. 저의 집단 상담에 참여한 내담자들이었지요. 당시에 저는 전라남도 목포에 위치한 '괜찮아마을'이라는 곳으로 출장을 다녔습니다. 이곳은 누구나 쉬어가도 좋고, 새로운 것을 꿈꿔도 좋은 마을이라는 컨셉으로 만들어진 곳이었는데요. 20~30여 명의 청년이 6주간 머무르며 쉬고, 새로운 삶을 구상하기도 하는 일종의 지역살이 프로그램이었습니다. 그 6주간의 여정 첫 순서가 저와 함께하는 집단 상담이었거든요. 왜 6주간 일상을 멈추고 이곳에서 쉬려고 하는지, 무엇에 지쳤고 무엇을 원하는지 묻고 답하는 시간을 가졌습니다.

그리고 6주가 끝나는 마지막 날 저는 다시 찾아가서 그들의 변화에 대해 듣고 이야기를 나누었어요. 그런데 마지막 날 찾아갔을 때, 첫 상담에서 유독 많이 울었던 몇몇 청년이 제게 따로 이야기를 좀 하자는 거예요.

"재열 님, 저희가 여기 와서 상담도 받고, 쉬고, 아이디어 회의도 하다 보니까 마음 건강에 대한 관심이 많이 생겼어요. 그래서 이런 기획을 했는데 한번 베타테스터가 되어주실래요?"

그게 바로 마음목욕탕의 시작이었습니다. 6주 전엔 하염없이 울던 세 청년이 프로젝트를 만들어냈다니, 그것도 마음을 회복시키는 목욕탕이라니! 저는 궁금증을 참을 수 없었어요. 서울로 올라가는 기차를 하루 미룬 채 베타테스트에 참여했지요. 목포에 있는 빈집을 개조해서 목욕탕 느낌으로 멋지게 변신시켰더군요. 두근거리는 마음으로 입장했지요.

처음 들어가자마자 빵 터졌어요. 목욕탕 주인아줌마(?) 역할의 청년이 입구에서 로커 키를 나눠주더군요. 진짜 목욕탕에 온 것 같았어요. 사물함에 물건을 넣고 첫 번째 탕(사실은 방이었지만)에 들어섰더니, 거울이 수십 개 놓여 있는 거예요. 그다음 탕에는 벽면 가득 글귀가 붙어 있었어요. 에세이 책 한 장 한 장을 찢어서 도배를 해놨더라고요. 그다음 탕에는 아이패드가 쭉 놓여 있었어요.

첫 번째 탕에서는 내 얼굴을 바라보며 스스로 자화상을 그리고, 두 번째 탕에서는 내 마음에 가장 와 닿는 글귀 하나를 떼서 필사하고, 세 번째 탕에서는 아이패드에 담긴 수많은 소리 중에서 내 마음을 가장 편안하게 하는 소리를 들으며 쉬는 거였어요.

그리고 모든 탕을 돌고 나오면 목욕탕 주인아줌마(?)가 바나나 우유를 건네주었지요. 우유를 쭉 빨아 먹으며 밖으로 나오는데, 정말 목욕을 마치고 나온 것처럼 시원한 기분이 들더라고요. 어떻게 이런 기발한 기획을 했는지 물었어요. 그들은 입을 모아 말했지요.

"우리가 평소 마음을 돌보기 위해 하는 것들을 모아봤어요. 그리고 그걸 하나씩 나눠서 담았지요. 그렇게 엮고 연결하다 보니까 이렇게 만들어졌어요."

각자의 삶에서 리추얼이 되는 것들을 모아, 멋지게 하나의 목욕탕으로 빚어낸 그들의 아이디어가 참 놀라웠습니다. 제게 가장 기억에 남은 건 두 번째 탕, 마음에 드는 글귀 하나를 골라 필사하는 탕이었어요. 시나 에세이 구절로 빼곡히 도배가 된 방 자체가 시각적으로 신선하기도 했지만, 그 수많은 글귀 중에 내 마음을 탁 건드리는 글귀 하나가 눈에 띈다는 것도 참 인상적이었습니다. 아마 다음 날, 또 그다음 날 그 방에 들어간다면 분명 다른 글귀가 눈에 띄겠지요. 그들의 목욕탕이 성업(?)하기를 바라면서 저는 서울로 돌아왔습니다.

그로부터 2년 뒤, 다시 마음목욕탕의 세심사 청년들과 만났습니다. 제가 목포에 가서 그들을 도왔듯, 이번엔 그들이 저를 돕기 위해 서울로 찾아왔지요. 코로나19로 시민들이 모두 집에서 나올 수 없게 된 2020년, 제가 서울시 마음건강박람회의 총감독을 맡게 되었거든요. 원래 신촌 거리에서 열리려던 박람회가 온라인 홈페이지를 활용한 랜선 박람회로 바뀌었어요. 사람들이 집에서 박람회에 참여해야 하는 상황으로 바뀌게 된 거지요.

그때 마음목욕탕이 떠올랐어요. '목포의 옛 가옥 작은 방 안에서 이뤄졌던 그 하나하나의 행위들을 시민들이 자기 방 안에서 할 수 있다면 어떨까?'라는 생각이 들었거든요. 전화를 걸었지요.

"리오, 기랑, 츤츤, 잘 지냈어요? 여러분의 아이디어가 필요해요. 코로나19로 집 안에만 있는 시민들에게 나는 마음목욕탕이 필요하다고 생각해요. 모두가 병원에 가야 할 만큼 우울한 건 아니지만, 분명히 리프레시가 필요할 만큼 지쳐 있으니까요. 딱 마음목욕탕이 적합할 것 같은데…. 집합 금지 때문에 모일 수가 없잖아요. 무언가 대체할 좋은 아이디어가 없을까요?"

몇 주 뒤, 그들은 '마음샤워기'라는 재치 있는 이름의 키트 하나를 뚝딱 만들어냈습니다. 사람들이 마음을 씻으러 목욕탕에 올 수 없으니, 집집마다 마음을 씻어주는 샤워기를 만들어봤다는 거지요. 여러 장의 글귀와 연필, 그리고 자화상을 그릴 수 있는 거울이 동봉되어 있었습니다. 이 키트는 자가격리 중인 300여 명의 시민들의 집으로 전해졌습니다. 집 밖으로 나올 수 없는 그들의 푸석해진 마음에, 따듯한 샤워기가 되어 온기를 전했지요.

상담이 필요했던 청년들이 누군가의 마음을 돌보는 존재가 되고, 다시 그것이 시민들에게로 전해지는 모습을 보며, 저는 상담소를 만들던 그 첫 순간에 품은 생각이 틀리지 않았다고 생각했습니다. '평범한 우리들도 마음을 내면, 누구나 타인의 마음을 돌보는 존재가 될 수 있다'는 생각 말이지요.

제 이야기를 들으며, 여러분도 한 번쯤 목포에 찾아가 마음목욕탕에 들르고 싶다 생각하셨나요? 아쉽게도 지금은 세 명의 청년이 각자의 본업으로 돌아가, 목욕탕은 잠시 휴식기를 가지고 있답니다. 하지만 실망하진 마세요. 우리가 셀프로 우리만의 마음샤워기를 만들어보는 방법도 있으니까요. '하루 한 장, 내 마음 필사'를 통해서 말이지요.

하루 한 장, 내 마음 필사

우리는 마음목욕탕처럼 방 전체를 글귀가 적힌 종이로 도배할 순 없겠지요. 하지만 마음에 드는 구절을 골라서, 그대로 필사해보는 건 얼마든지 할수 있습니다. 하루 한 장, 내 마음 필사를 통해서 오늘, 또는 요즘 내 감정은어떤지 은유적으로 들여다볼 수 있어요. 다음과 같은 순서로 해보세요.

1) 우선 책 한 권을 미리 골라둡니다. 시집이나 격언집 등 한 장 이내 분량의 짧은 글들로 엮인 책이 좋아요.
2) 매일 아무 데나 한 장 펼칩니다. 마음에 드는 구절이 없다면, 다시 책을덮었다가 다른 곳을 펼칩니다. 이렇게 몇 번을 반복하다가 마음에 드는 구절을 발견하면 멈춥니다.
3) 준비해둔 노트(또는 종이)에 마음에 드는 구절을 그대로 옮겨 적어봅니다.
4) 다 적었으면, 왜 이 구절이 마음에 와 닿았는지 잠시 생각해봐도 좋습니다.

개인적으로 A4 용지나 엽서 같은 한 장짜리 종이보다는 한 권의 노트를 준비해 꾸준히 적어가길 추천합니다. 일주일치, 열흘치가 모이면 내 감정의 흐름이 보이기도 하거든요. 매일 같은 구절이 반복적으로 적혀 있다면 비슷한 감정을 계속 느끼는 중일 테고, 매일 다르다면 그 나름대로 업앤드다운(up and down)을 느낄 수 있겠지요.

위의 과정 중에서 아마 가장 막연하게 느껴지는 과정은 첫 번째, 어떤 책을 고를까일 텐데요. 기왕이면 오늘 한번 서점에 들러보시는 것도 좋겠어요. 온라인으로 주문할 때보다 훨씬 더 많은 문장을 접할 수 있으니까요.
생각해보니, 서점은 목포의 그곳보다도 훨씬 넓은 마음목욕탕이기도 하네요. 그곳에 살짝 몸을 담그고 한 권 한 권 찬찬히 들여다보세요. 마음에 와닿는 문장과 인연처럼 만나게 될지도 모릅니다.

시간이 여의치 않다고요? 서점에 갔지만 적당한 책을 발견하지 못했다고요? 그런 분들을 위해 제가 필사에 사용했던 책 몇 권을 살짝 소개하며 마무리할게요.

《다독임》, 오은, 난다
《달팽이가 느려도 늦지 않다》, 정목, 수오서재
《어린 왕자》, 앙투안 드 생텍쥐페리
《나를 아끼는 마음》, 김져니, 요호이
《명시를 쓰다》, 김소월 외, 사물을봄
《나는 있는 그대로 충분하다》, 정민, 동양북스
《마음챙김의 시》, 류시화, 수오서재
《따라 쓰기만 해도 글이 좋아진다》, 김선영, 좋은습관연구소

하루 한 장, 랜덤 독서

필사보다 조금 더 마이크로한 방법이라면, 랜덤 독서가 있습니다. 내 마음 필사가 여러분의 마음에 샤워라면, 랜덤 독서는 세수 정도일까요? 필사에 비해 마음에 각인되는 효과는 적을 수 있겠지만, 대신 랜덤 독서는 지속하기가 더 쉽지요.

둘 중 어느 것이든 '타인의 마음이 담긴 문장을 내 마음에게 전해준다'는 개념은 같습니다. 방법도 거의 비슷한데요, 다음과 같습니다.

1) 우선 책 한 권을 미리 골라둡니다. 에세이나 일상툰(작가의 일상을 소재로 한 웹툰) 등 한 장 이내 분량의 짧은 글들로 엮인 책이 좋아요.
2) 매일 아무 데나 한 장 펼칩니다. 마음에 드는 구절이 없다면, 다시 책을 덮었다가 다른 곳을 펼칩니다. 이렇게 몇 번을 반복하다가 마음에 드는 구절을 발견하면 멈춥니다.
3) 입으로 작게 소리 내어 읽어보면 더욱 좋습니다.
4) 왜 이 구절이 마음에 와 닿았는지 잠시 생각해봐도 좋습니다.

정말로 거의 비슷하지요? 하지만 필사하기 좋은 책과 랜덤 독서를 하기 좋은 책은 살짝 다릅니다.

필사하기 좋은 책의 경우 한 줄, 한 줄로 문장이 짧게 쓰인 시집 같은 책들이 좋은데요. 은유적인 표현이 많으면, 쓰면서 그 문장을 내 느낌대로 해석하며 스며드는 느낌을 받을 수 있어요.

하지만 읽기만 하는 랜덤 독서의 경우, 상대적으로 문장의 길이가 길어도 괜찮습니다. 다만 표현은 직접적으로 와 닿는 것이 좋지요. 아무래도 쓰는 행위는 시간이 좀 걸리다 보니 곰곰이 곱씹을 수 있지만, 눈으로 후루룩 읽을 때는 상대적으로 순식간에 지나가기 때문이에요. 그래서 에세이집이나 일상툰같이 일상의 언어로 이뤄진 작품들이 좋습니다.

저는 주로 다음과 같은 책들을 추천하고 싶네요.

《선릉과 정릉》, 전욱진, 난다
《도덕경》, 노자
《철학이 필요한 시간》, 강신주, 사계절
《자전거 여행 1, 2》, 김훈, 문학동네
《100 인생 그림책》, 하이케 팔러, 사계절
《마음 해방》, 곽정은, 웅진지식하우스

micro ritual

<u>8</u>

회복, 의사와 환자가
함께 하는 2인 3각

"솔직히 여기가 더 상담 잘해주는 것 같아요."

가끔 이런 말을 하는 분들이 있습니다. 정신의학과나 심리상담센터를 다니면서, 저희 언니들에게 상담을 받으러 오는 경우지요. 그럴 때마다 저는 딱 잘라 말합니다.

"저희의 역할은 어디까지나 친구예요. 귀 기울여서 들어드리는 마음의 친구인 거고, 그분들은 치료를 도와주는 전문가 선생님이에요. 당연히 님 입장에서는 친구가 더 편하게 느껴지겠지요. 하지만 의사 선생님들만이 해줄 수 있는 것이 있어요. 우리와 그분들을 동일선상에 놓고 비교하면서 저울질하면 안 돼요."

그럼에도 불구하고 꾸준히 의사 선생님들에 대한 불편함을 말하는 사람들이 있어요. 그 대표적인 이유 중에 하나가 '심리상담사와 의사의 역할 차이'를 정확하게 인지하지 못하기 때문입니다. 우리가 일반적으로 심리상담센터를 가도 '상담'한다고 하고, 정신의학과 전문의를 찾아가도 '상담'을 한다고 말하지요. 이렇게 단어를 혼용하다 보니 이런 문제가 생기는 겁니다.

"10분도 상담을 안 하던데요. 저를 거의 쳐다보지도 않고 모니터만 보더라고요."

"말을 해도 거의 듣지 않고, 약만 처방받고 나가라는 느낌이에요."

"마음의 상처가 있어서 간 건데, 오히려 상처를 더 받고 돌아왔어요."

'상담'이라고 하면 대개 우리가 떠올리는 이미지는 다음과 같습니다. 나에게 온전히 눈을 맞춰주고, 이야기를 경청해주며, 편안한 분위기를 조성해줄 것이라 생각합니다. 특히 몇몇 정신의학과 선생님들이 미디어를 통해 국민 멘토로 급부상하면서, 더욱 기대가 커진 듯한데, 그 기대는 초진에서 대부분 와장창 깨지게 되지요. 그럴 때마다 저는 이렇게 말합니다.

"정신의학과 '상담'을, '진료'라고 바꿔서 생각해볼까요?"

다른 전공과목, 예를 들어 내과나 외과 진료를 받을 때 우리는 선생님의 '처방'을 받기 위해 찾아갑니다. 대체로 선생님들은 모니터를 보고 있지요. 환자의 상태를 기록하고 문진을 하니까요. 핵심은 바로 이겁니다. 정신의학과 선생님들은 '문진'을 통한 '진료'를 하고 계신 거죠. 거기에 맞는 '처방'을 하고요. 이게 정신의학과 전문의의 역할입니다.

물론 선생님의 성향에 따라 위로와 공감, 그리고 경청을 더하는 분들도 있습니다만, 이것이 필수사항은 아닌 거예요. 대체로 병원의 손실을 감당하면서도 선택하는 옵션인 거지요. 하루에 만나야 하는 환자 수가 평균 60인을 넘나드는 수도권 병원의 경우 더욱 쉽지 않습니다.

그렇다면 저는 이 지면을 통해 무슨 이야기를 하고 싶은 걸까요? 정신의학과 전문의 선생님들은 너무 힘드니까 따뜻한 위로의 말까진 기대하지 말자는 이야기를 하려는 걸까요?

아닙니다. 다만 시선을 조금 바꿔보자는 거예요. 우리는 유독 정신의학과 전문의를 '구세주'처럼, 또는 '막다른 골목'처럼 과잉 인식하는 경향이 있습니다. 전자는 내가 적당히 말해도 찰떡같이 알아듣는 궁예 못지않은 독심술사이길 바라고, 후자는 '내가 결국 이런 곳까지 오게 되다니!'라는 자기연민에 빠져서 병원에 온 그 자체의 수치감에서 허우적거립니다.

하지만 이 두 가지 모두 우리의 회복에 도움이 되진 않더라고요. 그들은 구세주도 아니지만, 당신의 인생이 갈 때까지 갔음을 상징하는 존재도 아닙니다. 그냥 '의사'예요. 내과 의사, 치과 의사, 소아과 의사와 같은 존재들입니다.

자, 생각해볼까요? 의사에게 최적의 진료와 처방을 받기 위해서는 환자의 역할도 중요한데요. 내과로 한번 비유해서 생각해볼까요? 여기 네 명의 환자가 있습니다. 모두 비슷한 증상인데, 표현하는 수위가 다음과 같이 달라요.

"배가 아파요."

"배가 지그시 아픈 느낌이에요."

"배가 지그시 아픈데, 명치 쪽이 제일 심해요."

"배가 지그시 아픈데, 명치 쪽이 제일 심하고, 음식을 먹고 나면 조금 덜한 것 같아요."

당연히 네 번째 환자의 증상을 파악하기가 제일 쉽겠지요? 마음도 마찬가지입니다. 자신의 상태를 조금 더 명료하게 설명할 수 있는 상황이 될수록 우리를 돕는 그들도 더 명확하게 문제를 인식할 수 있고, 최적의 처방을 해줄 수 있겠지요.

저는 항상 정신의학과 선생님과 환자의 관계를 2인 3각에 비유합니다. 심리상담사 선생님과 내담자의 관계도 마찬가지예요. 그들은 '나의 온전한 회복'이라는 목표를 향해 전적으로 이끌어주는 절대적 해결사라기보다, 함께 발을 맞추며 뛰는 러닝메이트에 가깝습니다. 그렇기에 우리는 서로 호흡을 맞추려는 시도가 필요하지요. 그 호흡을 맞추는 첫 단추는 바로 이 질문입니다.

"그동안 어떠셨어요?"

진료실이나 상담실에 들어갔을 때 전문가 선생님들이 묻는 첫 질문이자, 오늘도 함께 뛸 회복 레이스의 출발 신호입니다. 이 신호에 "똑같지요, 뭐"가 아니라 미세한 변화에 대해 설명할 수 있는 힘, 그러니까 '나의 상태 변화'를 스스로 인지할 수 있는 힘을 길러보는 건 어떨까요? 결승점에 도달하는 순간을 조금 더 앞당길 수 있을지 모릅니다.

일상의 체크리스트, 마음 날씨

앞서 말했듯이, 상담이나 정신의학과 진료를 받으러 가면 제일 먼저 듣는 질문이 바로 "어떠셨어요?"입니다. 진료 주기는 개개인마다 다릅니다만, 짧게는 일주일, 길게는 한 달 정도이니까 우리가 쉽게 답하기가 어렵습니다.

하루하루의 증상이 다 기억에 남아 있지도 않을뿐더러, 그것을 종합해서 말하는 것도 여간 어려운 게 아니거든요. 그러다 보니 우리가 흔히 범하는 실수는 '진료한 날'의 감정이나 상태를 일반화해서 말하는 겁니다.

즉 지난 1주 동안 미약하게나마 마음 상태가 호전되었음에도 진료 당일 살짝 꺾여서 다운되어 있을 때, 우리는 의사 선생님에게 미약한 호전 상태를 언급하는 게 아니라, "큰 차이 없어요"라고 말하기 쉬운 겁니다. 당일의 다운된 상태를 인지하고, 무의식적으로 '지난 진료일'과 비교해서 큰 차이 없다고 착각하게 되는 거지요. 반대로 조금씩 더 가라앉고 있음에도 당일 기분이 약간 나으면 알아차리지 못할 수도 있습니다.

이럴 때 우리의 마음 날씨를 기록하는 작은 리추얼은 그 자체로도 치유의 힘이 있지만 나의 마음 경향성을 보여주는 그래프의 기능을 합니다. 방법은 아주 간단하고요. 1분이 채 걸리지 않습니다.

1) 다이어리나 노트북, 또는 스마트폰 등 편한 환경에 다음과 같은 표를 만든다.

	월 일	월 일	월 일	월 일	월 일	월 일	월 일
날씨							
온도							

2) 매일 밤 하루를 회고하며 날씨와 온도를 각각 기입한다.
3) 날씨는 그날 있었던 사건을 중심으로, 글자(맑음, 흐린 뒤 갬 등)로 기입한다.
4) 온도는 그날의 감정을 중심으로, 숫자(13°, -6° 등)로 기입한다.

간단하지요? 이 표를 꾸준히 작성하다 보면, 이런저런 경향성을 발견할 수 있는데요. 현재의 상태를 파악하는 데 도움이 됩니다. 예를 들어볼까요?

날씨는 계속 맑음, 또는 흐림 정도로 그다지 큰 사건이 없음에도 온도가 널뛰는 경우가 있습니다. 이런 경우는 현재 일어나고 있는 사건이 아니라, 과거의 사건이나 미래에 대한 불안으로 내 감정이 널뛰고 있구나 알아차리는 힌트가 되지요.

반대로 날씨가 굉장히 사나운 상태에서 감정이 널뛰는 것은 지극히 당연한 현상입니다. 지금 내가 겪고 있는 사건들이 내게 영향을 미치고 있음을 알 수 있지요. 이럴 때는 명상, 리추얼 등으로 마음을 다스리는 것보다 당면한 상황 자체의 해결이나 종결이 더 큰 도움이 됩니다.

이렇게 나의 상황과 감정의 연관 상태를 인지하는 정도만으로도 훨씬 더

뚜렷하게 회복의 모멘텀을 찾아갈 수 있어요. 또 전문가 상담을 받고 있지 않은 분들도 이 행위 자체가 주는 자아 성찰의 기능을 적극 활용해봐도 좋겠습니다.

자, 이제 여러분의 마음 날씨를 한번 기록해볼까요? 한 달치의 표를 준비했습니다.

● **1주차**

	월 일	월 일	월 일	월 일	월 일	월 일	월 일
날씨							
온도							

● **2주차**

	월 일	월 일	월 일	월 일	월 일	월 일	월 일
날씨							
온도							

● **3주차**

	월 일	월 일	월 일	월 일	월 일	월 일	월 일
날씨							
온도							

● **4주차**

	월 일	월 일	월 일	월 일	월 일	월 일	월 일
날씨							
온도							

micro ritual

<u>9</u>

1시간 vs 167시간

앞서 말했던 사례와 반대로, 상담자(또는 의사)에게 전적으로 의지하는 경우도 심심치 않게 볼 수 있습니다. 형준 씨도 그런 케이스였어요. 5년 동안 꾸준히 상담받은 심리상담사 선생님에게 상당히 의지하고 있었습니다.

그의 담당 선생님은 책도 여러 권 쓰고, 방송에도 간간이 출연하는 등 인지도 있는 상담사였는데요. 간혹 강연 소식이 뜨면, 직장인인 형준 씨는 월차나 연차를 쓰고 그 선생님의 강연을 들으러 강연장으로 직접 찾아가기 일쑤였어요.

"그럴 때마다 상담사 선생님 반응은 어때요?"

"반가워하실 때도 있고, '이미 다 아는 내용일 텐데 이 먼 데까지 왔냐'고 하실 때도 있어요."

"그렇게까지 선생님의 열성팬으로 활동하는 이유는 뭔가요?"

"나를 이해해주는 유일한 사람이니까요."

생각보다 이런 경우가 적지 않습니다. 상담자와 내담자의 관계가 아니라, '내 속마음을 다 알고 있는 유일한 사람'으로 너무 소중히 인식해서, 상대방에게 나도 소중한 사람이 되기를 바라는 마음이 생겨버리는 거지요.

인간관계의 폭이 좁을수록 이런 경향은 조금 더 강해지기도 합니다. 형준 씨의 경우, 친구들이 하나씩 결혼과 출산 등으로 떠나가면서 이러한 경향은 더욱 짙어졌지요. 그에게 질문 하나를 던졌습니다.

"형준 씨, 일주일이 총 몇 시간으로 이뤄져 있는지 아세요?"

"24시간 곱하기 7이니까 168시간이네요."

"그렇죠. 그중에서 선생님을 만나는 시간은 1시간이고, 선생님 없이 살아가는 시간은 167시간이에요. 그런데 그 긴 시간 동안 계속 선생님과의 만남 1시간만을 기다리면서 지내는 건 아닐까 하는 생각이 들었어요."

그 순간 형준 씨는 알 수 없는 표정을 지었습니다. 어딘가 불편해 보이기도 했고, 제 말에 수긍하는 것 같기도 했어요.

"그런데, 상담사 선생님과 재열 님 빼고는 딱히 제 주변에 마음을 나눌 사람이 없어요."

"저도 그랬던 적이 있어서 어떤 마음인지 알아요. 저는 얼마나 진상이었냐면요. 왜 심리상담사 선생님들은 개인 연락처를 안 알려주시잖아요? 제가 막 대성통곡하면서 상담사 선생님 소매를 잡고 제발 번호 좀 알려 달라고 사정한 적도 있었다니까요?"

"재열 님이요? 너무 의외인데요. 주변에 좋은 사람이 항상 많아 보여요."

"지금은 그래요, 지금은. 너무 감사한 일이죠. 그런데 몇 년 안 됐어요."

"어떻게 그렇게 바뀌게 된 거예요?"

눈을 동그랗게 뜬 형준 씨에게, 저는 핸드폰을 들어 보였습니다.

"생각나면 즉시 카톡하기. 이거였어요."

줄여서 저는 '생즉카'라고 부르는데요. 말 그대로 누군가가 머릿속에 떠오르면, 그 즉시 카톡을 보내는 겁니다. 할 말이 없어도요. 아주 솔직하게 '생각이 나길래 톡해봤다'고 말하기만 했어요.

이걸 시작하게 된 건 2018년 즈음인데요. 그때는 항상 '말할 사람이 없다'는 생각을 가지고 있었어요. 일을 마치고 집에 돌아오면 언제나 내 카톡만 조용하게 느껴지는 거예요. 낮 시간에 업무 이야기를 할 사람은 너무도 많은데, 밤이 되어 마음의 이야기를 나눌 친구는 서서히 사라지는 느낌이었어요. 당시 나이 서른 넷, 친구들이 하나둘 결혼하며 떠나가는 시점이었지요. 대화할 사람이 없다고 느껴지니, 연인에게만 매달리고 상대의 연락을 기다리는 날이 길어졌어요.

그런데 어느 날, 도서관 앞 벤치에 앉아 멍하니 두유 하나를 마시고 있는데, 취준생 시절 친구 영인이가 생각이 나는 거예요. 도서관에서 같이 취업 스터디를 했던 친구거든요. 톡을 안 하고 지낸 지 3년이 넘었지요.

여러분도 이렇게 가끔 누군가 떠오를 때가 있지 않나요? 그럴 때 대체로 '걘 잘 사나~' 생각만 하고 지나치거나 SNS에 들어가서 한번 찾아보고 말지요. 저도 그랬어요.

그런데 그날은 무슨 바람이 불었는지 불쑥 카톡을 보낸 거예요. "잘 사냐? 도서관 왔더니만 갑자기 생각나네?"

그런데 웬걸, 그날 둘이서 2시간 반을 떠들었어요. 그 후로 다시 반년 정도 연락을 안 했지만, 그 2시간 동안은 영인이도 저도 깊은 공감과 위로를 나누었지요. 한 번 물길이 트이니 반년 뒤, 또 반년 뒤에 연락해도 어제 만난 듯 자연스럽게 대화가 이어지더군요.

그 후로 누군가가 떠오르면 카톡을 보내기 시작했어요.

"선생님, 어떻게 지내세요? 빨래 널다가 갑자기 생각이 났지 뭐예요."

"선배님, 잘 지내요? 아니 왜 오늘따라 선배 생각이 났지?"

"형, 뭐해요? 책 읽는데 이거 예전에 형이 선물해 줬던 거더라고요. 갑자기 생각나서 연락했어요."

연락을 안 한 지 몇 년이 됐든, 그들은 '생각이 나서' 연락했다는 저의 솔직한 표현에 반가움을 숨기지 못했어요. 네가 생각나서 연락했다는 말만큼 반가운 말이 있을까요? 그렇게 먼저 마음을 표현하기 시작한 저의 일상은 조금씩 바뀌어갔어요. 고립된 우물이라고 생각했던 저였는데, 조금씩 타인에게로 향하는 마음의 물꼬가 트이는 느낌이었어요. 이런 생각도 들었지요.

'그래, 맞아. 생각해보면 정신과나 심리상담센터도 내가 찾아가는 거잖아. 가면 정성껏 들어주잖아. 마찬가지로 사람들도 내가 먼저 찾아가면 반겨주는걸. 같은 알고리즘인데, 왜 나는 친구나 지인들이 '먼저' 연락해주기만을 기다렸을까? 그냥 용기 내어 찾아가면 되는걸.'

그 과정을 통해서 저는 깨달았어요. 내 주위에는 말 걸어주는 사람이 아무도 없는 게 아니라, 내가 말을 걸면 들어줄 수 있는 준비가 된 사람이 너무도 많다는 걸요. 내가 먼저 그들의 마음에 노크할 정도의 용기만 있으면, 누구든 흔쾌히 들어주는 사람이 되어주더라고요.

　지금 이 에피소드를 읽고, 누군가 떠오르는 사람이 있나요? 주
저하지 말고 바로 연락해보세요. 지금 바로요!

좋은 사람들을 다시 내 곁으로, '생즉카'

어느 날 밤 꿈에 10년도 더 지난 때 같이 활동했던 동아리의 선배가 나왔어요. 갑자기 반짝이가 달린 화려한 옷을 입고는 저를 보고 너무 잘하고 있다면서 덥썩 안아주는 거예요. SNS 친구조차 아니라서 대학 졸업 후 아예 연락이 끊겼던 분이었거든요. 연락처를 뒤적여 바로 카톡을 보냈죠.

"누나, 잘 지내요? 아니 갑자기 제 꿈에 나오셨지 뭐예요?"

그 후로 얼마나 한참 떠들었는지요. 세상에나, 10년 사이에 여성 파일럿이 되어 세계 곳곳을 누비고 있더라고요. 파일럿을 꿈꾸는 청소년들을 위해 책도 쓰고 있고요. 우리는 한동안 이야기를 나누던 끝에 만나기로 약속을 잡았어요. 10년 만에요. 아마도 그동안 나누지 못했던 마음을 주고받는 시간을 갖겠죠?

이렇게 지나간 인연, 흐려진 인연이라고 생각했던 그 누구여도 좋습니다. 우리 삶의 한 순간을 함께 살아온 존재들인 만큼, 우리가 세상을 떠나는 날까지 인연의 불씨는 꺼지지 않을지도 몰라요. 아주 작은 하나의 불씨라도 살아 있는 겁니다. 그걸 틔우기만 하면 돼요.

하루에 한 명, 또는 매일이 어렵다면 요일을 정해서 일주일에 한 명도 좋습니다. 곰곰이 앉아서 누군가를 떠올려보고, 그에게 즉시 카톡을 보내는 거예요. 그것조차 쉽지 않다면 그냥 누군가가 떠오르는 그 순간에 주저하지 말고 카톡을 해보는 거예요.

상황에 따라, 여건에 따라 아마도 예전처럼 매일같이 보는 사이가 되진 않겠죠. 하지만 서로의 궤도를 돌다 주기적으로 잠시 맞닿는 우주의 행성들처럼 느슨하지만 분명히 이어진 느낌을 주는 존재로 재탄생할 겁니다.

다음 페이지를 비워두었으니, 자유롭게 이런저런 사람들을 떠올려보세요. 그러고는 일주일에 한 번씩, 또는 누군가가 그리울 때마다 이 페이지를 펴서 한 명, 한 명 '생즉카'를 실천해보면 어때요?

당신의 삶에는 아주 많은 사람들이 함께해왔고 지금도 함께하고 있음을 체감하게 될 겁니다.

나의 삶에서 잠시 함께 걸었던 추억의 이름들과 보내고 싶은 메시지

CHAPTER 2

마인드 밸런싱
불안에 휘둘리지 않는 마음 중심 잡기

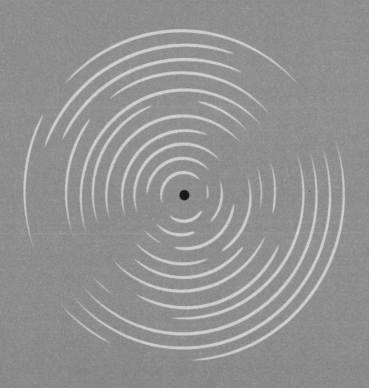

불안은 다시
번아웃을 불러오고

두 번째로 번아웃을 겪었던 건 서른네 살의 겨울이었어요. 전라남
도에서 강연을 마치고 돌아오는 KTX를 탑승하던 순간 느꼈어요.

'큰일 났다. 또 번아웃이 왔어.'

첫 번째 번아웃을 호되게 겪어서일까요? 두 번째엔 스스로 그
것을 알아차릴 수 있었어요. '솔직히 소진될 만했다'라고 스스로
를 돌아보는 힘도 생겼죠. 너무 갑작스러운 파도에 휩쓸려온 5년
이었거든요.

'청춘상담소 좀놀아본언니들'을 만들고 난 뒤, 2년이 채 되지 않
아 저는 갑작스럽게 'TV에 얼굴이 나오는 사람'이 되어 있었습니
다. 세 권의 책이 모두 베스트셀러 순위권에 진입한 '작가'가 되

어 있었고, 어느덧 '강연가'가 되어 있었어요. 제가 진행하는 라디오, TV 프로그램까지 생겼지요. 처음부터 원했던 삶은 아니었어요. 왜 그렇게 열심히 살았냐고요? 솔직하게 먹고살 길이 막막해서 선택한 거였어요. 그런데 너무 감사하게도, 과분할 만큼 관심을 받은 거지요.

앞서 말했듯이 제가 대표로 있는 좀놀아본언니들은 무료 상담을 제공하는 곳이에요. 그래서 구성원 전원이 자원봉사자였지요. 대표인 저까지도요. 팀이 만들어질 당시, 저를 제외한 모든 친구들은 각자 직업이 있었어요. 다들 퇴근 시간 후를 활용해서 사람들의 고민을 들어주곤 했어요. 그런데 저는 출근도, 퇴근도 없는 거예요. 퇴사 후 백수일 때 시작한 일이었으니까요. NGO의 대표라는 직함은 생겼지만 수입은 0원이었지요.

그럼에도 이건 좋은 뜻에서 하는 봉사일 뿐, 돈 받을 일은 아니라고 단호하게 생각했어요. 다시 일을 찾아야겠다는 마음으로 계속 입사 원서를 넣고 있었지요. 그런데 현실은 녹록지 않았어요. 넣는 족족 떨어졌어요. 저는 더 이상 서울대 스펙왕이 아니라, 첫 직장에서 1년도 못 채우고 나온 경력 단절 취준생이 되어 있었어요.

모아놓은 돈이 다 떨어질 때쯤 출판사에서 메일이 오기 시작했어요. 인터넷에 올렸던 제 글을 묶어서 책으로 내보자고 하더군요. 그때만 해도 작가가 되고 싶다는 생각을 해본 적은 없었어요. 하지만 계약을 하면 선 계약금이라는 게 있다고 했어요. 300만 원 정도였을까? 제겐 너무 큰돈이었지요. 부담스러우면 실명을 넣지 않아도 된다고 했어요. 필명이란 걸 쓰면 된다고요.

그런데 이게 웬일, 첫 책이 베스트셀러 순위권에 들기 시작했어요. 그리고 TV와 라디오에서 섭외 연락이 오기 시작했지요. 라디오에 초대 손님으로 나가면 출연료로 10만 원을 줬어요. 그 또한 당시의 제겐 큰돈이었어요. 거절할 수가 없었습니다. 점차 사람들은 제가 대표로 있는 단체에도 관심을 보이기 시작했어요.

"다른 사람의 고민을 돈도 안 받고 들어준다고? 왜?"

얼마 지나지 않아 저는 강연 무대에 초대되고, 인터뷰 요청을 받기 시작했어요. 제 얼굴이 포털사이트 메인에 등장하기 시작했습니다. 당시엔 '퇴사' 열풍이 불던 시기여서, 저의 스토리는 매체에서 너무 다루고 싶은 소재였던 거지요. 서울대 출신에 대기업을 다니던 청년이 정신질환을 얻고 퇴사한 뒤, 사회공헌 활동을 하는 NGO를 만들어서 선행을 나누고 있다는 이야기를 거의 모든 방송국, 신문사에서 한 번쯤은 다뤘던 것 같아요.

그렇게 어느 날 갑자기 저는 바쁜 사람이 되었습니다. 제 주변엔 유명인들로 채워지기 시작했어요. 방송국에서 친해진 연예인, 북토크를 하며 친해진 베스트셀러 1위 저자, 파워 유튜버와 인플루언서…. 그런 분들이 제 인생에 들어오기 시작했죠. 대부분 참 좋은 일을 한다며 예쁘게 봐주셨기에 금방 친해졌어요. 그리고 진심으로 제 걱정을 해주었어요.

"재열 씨, 돈은 어떻게 벌어?"

"좋은 일 하는 것도 좋지만, 너도 잘 먹고살아야 계속 봉사할 수 있지."

맞는 말이었어요. 안정적인 경제 상황이 뒷받침되지 않으면, 언제까지 이 봉사를 할 수 있겠어요. 어떡해야 돈을 더 벌 수 있을까…. 방법은 하나밖에 떠오르지 않았어요. '더 유명해지는 것'이었죠. 이미 저는 '얼굴이 알려진 사람'의 영역에 들어와 있었기 때문이에요. 애매한 인지도를 극복하는 것만이 답이라고 생각했어요. 그래야 내 생활이 안정되고, 안정이 되어야 봉사도 꾸준히 할 수 있다고요. 그래서 섭외가 들어오면 거절할 수가 없었어요. 불러주는 곳이면 무조건 갔어요. 불과 몇 년 전에 번아웃을 겪었다는 것도 까맣게 잊고서요.

특히 방송 활동은 한 번도 생각해보지 못한 재능이었지요. 케이블 프로그램에서는 제가 메인 MC인 토크쇼가 생겼고, 공중파 채널에서는 유명 연예인 옆에 앉아 보조 MC를 하기도 했어요. 초대 손님을 넘어 '방송인'의 영역까지 들어가기 시작한 거예요. 상담 코너를 맡아서 솔루션을 주기도 했어요. 마치 꼬마 오은영 박사처럼 미디어에서 소개되었어요. 하지만 몇 년이 채 지나지 않아 한계를 느끼기 시작했지요.

제가 나온 방송들을 모니터링하는데, 어느 날부턴가 같은 말을 반복하고 있더군요. 그럴 수밖에 없지요. 배운 것도, 경험한 것도 많지 않은 삼십 대 초반의 청년이었으니까요. 금방 지식이 바닥나버린 거죠. 한마디로 그때의 저는 과대 포장된 상황 속에서 사람들을 실망시키지 않아야 하는데, 쌓은 내공이 별로 없는 상태였던 거예요. 결국 모자란 실력을 성실함으로 메꾸는 수밖에 없었어요. 남보다 대본을 두세 배쯤 빨리 더 잘 외워 NG 없이 촬영을 끝내고, 항상 30분쯤 일찍 가서 '성실한 사람'이라는 소리를 듣는 것. 그 과정 속에서 저는 점점 다시 한 번 번아웃으로 향해 가고 있었습니다.

번아웃을 직감한 이후 저는 어떻게 해야 할지 대책을 세우기로 했어요. 당시에 떠오르는 선택지는 '멈춘다'뿐이었어요. 지금은 첫 번아웃 때의 제가 글쓰기와 산책으로 회복되었다는 걸 알아요. 하지만 당시엔 부수적인 거라고 생각했어요. 핵심은 '퇴사'였다고 여겼지요. 그래서 똑같이 멈춰야 한다고 생각했어요. 하지만 이내 두려움이 엄습했어요.

'쉬고 돌아왔을 때, 나를 필요로 하는 사람이 아무도 없으면 어떡하지?'

실제로 그런 일은 흔했어요. 프리랜서는 일을 거절하지 않고 무조건 받아야 다음도 있는 거였어요. 한두 번 거절하면 "저 작가님은 바쁘셔서…"라는 소문이 돌기 시작하고, 순식간에 일감이 끊기더군요. 월 2,000만 원 벌던 사람이 200만 원도 못 벌게 되는 경우도 봤어요. 그게 제가 될까 봐 두려워서 힘들지만 버텼지요.

그러다 숨이 목 끝까지 차올랐던 순간 주변의 오십 대 프리랜서 선배들을 찾아갔어요. 그분들은 오랫동안 생존해왔으니까 뭔가 지혜를 줄 거라고 생각했거든요. 많은 이야기를 들었지만, 그중에서 진아 님의 이야기가 기억나요. 프리랜서로 20년을 넘게 살아온, 오십 대의 막내 이모 같은 분이었지요.

"충분히 쉬고 나서 돌아왔을 때 일부는 너를 잊을 거야. 그런데 네 예상보다는 많은 사람이 널 기다릴 거야. '생각보다 많은 사람이 날 기다려줬구나'를 확인하는 건, 살아가면서 굉장히 큰 힘이 될 거야. 그러니까 재열 군, 잠깐 멈춰도 돼."

울컥 눈물이 났어요. 여전히 불안했지만, 그 말을 믿기로 했어요. 얼마 후 저는 지방의 부모님 댁으로 내려갔어요.

꽃 피는 시기는
모두 다르듯이

모든 일을 접고 부모님 댁으로 내려간 2019년, 인생의 두 번째 퇴사 같은 느낌이었어요. 집밥을 얻어먹고 최소한의 생활비만 쓰면서 무작정 쉬기 시작했어요. 서울의 친구나 지인들이 안부를 물어오면 "그냥 살아요"라고 했지요. 말 그대로 그냥 살았습니다.

석 달 정도는 침대에서 핸드폰을 보다가 잠만 잤어요. 그런데 몸도 마음도 더 끝없이 가라앉는 기분이 들더군요. 그래서 넉 달째부터는 나름의 일과를 만들었어요.

10시에 일어나서 늦은 아침을 먹고, 11시에 아파트 뒷산에 올라갔다가, 12시가 되면 산에서 내려와 점심을 먹고, 〈6시 내 고향〉이 시작할 때쯤 TV를 켜고, 〈세계테마기행〉이 끝나면 잠을 잔다.

별것 없지요? 그래도 저 별것 없는 일과를 규칙적으로 하려고 노력했어요. 최소한 일어나고 자는 시간, 먹는 시간만이라도요.

당시 제가 했던 유일한 외부 활동은 등산이었어요. 산에 가면 동네 어르신들이 한가득 모여 계셨어요.

"저 집 아들이 왜 내려왔대?"

"일이 잘 안 풀리나? TV에도 나오고 했다더만…."

수군거리는 소리가 들렸어요. 그래서 이어폰을 끼고 나무, 풀, 꽃에만 시선을 고정한 채 걸었지요. 매일 산을 오르다 보니 몰랐던 사실을 알게 되었어요. 어라? 11월 말에도 꽃이 피는 거예요. 심지어 꽤 여러 종류 피더라고요. 12월에도, 1월에도 그 차디찬 순간에도 꽃이 피는 것을 봤어요. 엄마들처럼 "어머나, 꽃 예쁘네!" 하며 카메라에 담다가 문득 이런 생각이 들더군요.

'생각보다 정말 다양한 시기에 꽃이 피는구나. 인생이 계절이라면, 아직 내 나이는 여름쯤일 테지.'

어쩌면 나는 지금 활짝 필 때가 아닌데, 가을이나 겨울 꽃인데 조바심 때문에 너무 물을 들이붓고 햇볕을 쬐면서 억지로 나를 피워내려 한 게 아닐까? 그러다 탈이 난 건 아닐까?

생각해보세요. 만약 내가 가을에 피어야 할 코스모스 씨앗인데, 봄에 만개하고 싶다고 과도한 햇볕을 쬐고 억지로 더 많이 물을 붓는다고 칩시다. 봄에 피나요? 아니지요. 오히려 너무 많은

양분은 꽃을 시들게 만들지요. 바로 그게 지금 제 상황은 아닐까 싶었어요.

그러고는 생각을 해봤죠. 왜 나는 그동안 일감을 거절하지 못했을까. 불안 때문이라는 걸 인정하게 되었지요. 많이 나아졌다고 생각했지만 여전히 대학입시, 취업 전쟁 때와 비슷한 알고리즘으로 움직이고 있었어요. '남들보다 더 잘되고 싶은데, 더 위의 계단으로 올라가고 싶은데, 그러지 못하면 실패일 텐데…'라는 강박이 완전히 사라지진 않은 거예요. 하지만 준비되지 않은 채로 욕심만 부리는 건 금방 내 한계를 드러낼 뿐이라는 교훈도 배웠지요. 그리고 다짐했습니다.

'다시 내 집으로 돌아가자. 이제는 내 그릇만큼만 일하자. 할 수 없는 건 없다고 말하자.'

그렇게 서울로 돌아왔어요. 정말 선배들의 이야기처럼 어떤 사람은 나를 떠나갔고, 어떤 사람은 남았어요. 비록 방송에는 저 아닌 다른 사람들이 출연하고 있었고, 제 콘텐츠의 조회 수도, '좋아요'도 현저히 줄어들었지만 저는 역설적으로 훨씬 많은 일을 할 수 있게 되었어요. 천천히 가기로 결심하니까 '거절'을 할 수 있게 되더라고요. 딱 세 가지 기준을 세웠어요.

첫째, 내 역량으로 소화할 수 있는 일을 해야겠다.

둘째, 좀 버거워도 나의 성장이 기대되는 일이라면 해야겠다.

셋째, 내 도움이 진짜 필요한 요청에 응해야겠다.

무엇을 할지와 말지가 명료해졌어요. 그리고 깨달았지요. 쉬고 돌아와도 커리어가 완전히 박살나는 건 아니라는 걸요. 하지만 그와 동시에 이런 생각도 들었지요.

'생각보다는 적게 잃었지만, 분명히 잃은 것도 많아. 그러니까 번아웃이 왔다고 매번 이렇게 멈출 순 없어. 조금 더 지속 가능한 대처 방안은 없을까?'

제 고민을 듣던 한 친구가 이런 질문을 하더군요.

"근데 너, 일을 중단해서 회복된 거라고 생각해?"

"그게 아니면?"

"너 처음 퇴사했을 때도 그렇고, 이번 휴식기도 그렇고…. 그냥 축 늘어져 있을 때보다 규칙적으로 뭔가를 해야겠다고 결심한 시점부터 회복이 시작된 느낌이 들지 않니? 블로그에 글을 쓰기 시작하고, 등산을 하기 시작하고, 그런 거 말야. 그때쯤부터 네 목소리가 좋아지기 시작했거든."

그러고 보니, 정말 그랬어요. 단순히 '일을 안 한다'가 정답은 아니었어요. 퇴사 후에도, 부모님 댁에 내려간 직후에도 내리 잠만 자던 시기에는 더 나빠지는 것 같은 느낌이었거든요. 어떤 규칙성을 가지고 사소하더라도 무언가를 꾸준히 해나갈 때, 저는 다시 에너지를 회복한다는 걸 깨달았습니다. 그리고 그런 '사소하지만 꾸준하게 내면을 위해 행하는 습관'을 '리추얼'이라고 부른다는 것도 처음 알게 되었지요.

'어쩌면, 일상 속에 리추얼을 심기 시작한다면 멈추지 않고도 회복할 수 있을지 몰라.'

이 작은 생각 하나로 저는 리추얼을 연구하기 시작했어요. 언제 일어날지 모르는 지진에 대비해 내진 설계로 건축물을 세우듯, 언제 다시 찾아올지 모르는 번아웃에 대비해 하루 일과 속에 작지만 단단한 마음 중심을 잡아나가기로 한 거죠.

그리고 사람들과 이 방법을 나누기로 마음먹었어요. 그래서 상담 활동을 잠시 멈추고 집단 워크숍 등을 통해서 리추얼의 방법을 전하는 것에 집중했지요. 모두가 (시간적, 경제적인 문제로) 상담을 받을 수 있는 상황은 아닐 테니까 각자가 '최소한의 자생력'은 갖추는 게 필요하리라는 생각이 들었거든요.

그리고 얼마 후 제 예상은 틀리지 않았습니다. 상담을 찾아갈 수 없는 환경, 코로나19가 시작되었지요.

micro ritual

3

일시적 회복이 아닌
상시적 회복으로

코로나19가 시작된 이후 한 번도 경험한 적 없는 풍경이 펼쳐졌
어요. 사람들은 집에서 나올 수 없게 되었고, 상담 요청은 물밀
듯이 밀려오기 시작했지요. 바로 1년 전과는 비교할 수 없을 만
큼 많은 사람이 무기력이나 우울감, 심지어 분노를 느끼고 있었
어요. '이런 혼돈의 상황 속에서 나는 무엇을 할 수 있을까?' 하고
매일 고민했습니다. 두 번째 번아웃에서 회복된 후 서울로 복귀
할 때, 제가 세운 '일 선택의 세 가지 기준' 중 세 번째 항목이 떠
올랐어요.

'내 도움이 진짜 필요한 요청에 응해야겠다.'

그리고 그 대상이 누군지 금세 알아챘습니다. 바로 전화 상담
원들이었지요. 그들은 예전보다 몇 배나 많아진 통화량과 훨씬

더 거칠어진 폭언에 빠르게 소진되고 있었어요. 원래 콜센터 직원이던 분들을 포함해 직업상담사, 사회복지기관 종사자 등 오프라인으로 일하던 사람들까지 전화 상담 업무를 맡게 되면서 그 대상도 늘어났지요. 그들을 위한 워크숍을 만들기 시작했습니다.

많은 분을 만났지만 가장 기억에 남는 사람은 경은 씨였어요. 쉬는 시간에 강사 대기실로 찾아와 "쉬시는데 정말, 정말 죄송하지만…"하며 서성거렸습니다. 저는 직감했지요. '사연 있는 사람이다!' 그 순간 오지랖이 발동해 그녀의 사연을 듣기 시작했습니다.

거절도, 싫은 소리도 못하는 공공기관 직원 경은 씨. 그녀는 스스로를 '호구'라고 말했습니다.

"요즘은 코로나 긴급 상황이 많아서 24시간 콜센터에 차출되는 날이 많아졌어요. 저희 같은 일반 사무직원까지요. 근데 그게 당일에 통보가 돼요. 그리고 거의 매번 제가 담당을 하게 돼요."

워크숍 당일에도 경은 씨는 남아야 했답니다. 퇴근 3시간 전 부장님이 이렇게 말씀하셨대요.

"오늘은 진짜 안 해도 된다더니만, 경영 지원 쪽에서 사장님 보고 들어간다고 전원 차출이라네. 우리가 오늘 한 번 땜빵해줘야 할 거 같은데, 누구 딱 한 명만 지원 안 되겠어?"

다들 꿀 먹은 벙어리가 되어 부장님과 눈을 안 마주치려고 애썼지요. 그도 그럴 것이 자정까지 대기해야 하는 스케줄이었거든요. 금요일 퇴근 3시간 전에, 누가 선뜻 나서겠어요. 10초가 넘게 정적이 흐른 사무실, 부장님이 다시 입을 열었어요.

"경은 주임, 가능할까?"

그날 경은 씨는 결국 남자친구와의 데이트 약속을 미뤘습니다. 벌써 몇 번째냐고 참다 참다 폭발한 남자친구, 일정이 있는데도 있다고 말하지 못하는 자신, 그리고 수많은 팀원 중에서 자신만 콕 집어 부르는 부장님을 보면서 잘못되어도 한참 잘못되었다고 느낀 거죠.

그 순간 경은 씨는 무언가 잡고 있던 끈이 탁 끊어진 기분이었다고 했어요. 원래도 거절을 못 해 일을 떠맡는 성향의 경은 씨가 코로나19라는 긴급 상황을 마주하면서 완전히 탈진되어버린 겁니다. 그녀는 처음으로 퇴사를 결심했지요.

"퇴사하겠다는 말은 할 수 있겠어요? 남아 달라는 부탁을 하면 거절 못 하진 않을까요?"

"모르겠어요. 일단 말이나 해보려고요."

그 후 경은 씨를 또 만났어요. 여전히 그 공공기관 워크숍에서요. 퇴사를 못 한 겁니다. 워크숍이 끝나고 잠시 커피를 마셨어요. 물어봤지요. 어떻게 된 영문이냐고. 사무실에서 휴직으로 돌려줄 테니 잠시 쉬고 오라며 붙잡았답니다. 아니나 다를까 경은 씨는 그 말에 거절하지 못 하고 붙잡혔어요. 그래도 석 달이나 쉬었다고 말하는 그녀에게 저는 물었지요.

"쉬면서 회복은 좀 됐나요? 쉬는 동안 뭐 하셨어요?"

"저 베트남 갔다 왔어요."

"오 좋았겠다. 회복은 좀 됐어요? 어때요?"

"많이 좋아졌다고 생각했는데, 복직하니까 한 달 만에 다시 예전과 비슷해졌어요."

"그렇구나. 석 달을 쉰 회복량이 복직 한 달 만에 동이 난 걸까요?"

"모르겠어요. 베트남에 있을 때는 진짜 많이 좋아졌다고 생각했는데…."

경은 씨와 같은 경험, 여러분에게도 있나요? 너무 힘들어서 긴 휴가를 다녀왔는데도 일터로 돌아오니 말짱 도루묵인 것 같은 느낌. 아니면 퇴사 후 긴 여행을 하는 동안 무언가 느끼고 달라졌다고 생각했는데, 새 직장에 들어가고는 그 깨달음과 변화가 점차 옅어지고 다시 지쳐가는 느낌 말이에요. 그럴 때마다 우리는 생각하죠.

'아, 다시 떠나고 싶다.'

여행은 참 좋은 회복 방식입니다. 하지만 회복의 유일한 수단으로는 적합하지 않아요. 왜냐하면 여행은 '조건부 회복'이기 때문이에요. 조건부 회복이 뭘까요? 어떤 조건이 성립해야만 사용할 수 있는 회복이라는 의미입니다.

여행의 경우 '돈이 있다'와 '시간이 있다'라는 두 가지 조건이 성립할 때 가능하지요. 비슷한 경우로 호캉스나 맛집 탐방이 있습니다. 이것 역시 '소비'이기 때문에 돈과 시간이 필요하지요. 다른 예시로 친구와 수다 떨기 같은 것 역시 조건부 회복입니다. 돈은 들지 않지만 '대화를 나눌 상대가 있어야 한다'는 조건이 있어야 하기 때문이지요. 누구에게 전화 걸기가 애매한 아주 늦은 밤, 또는 혼자 지방으로 발령이 나서 주변에 아무도 없는 상황이라면 선택할 수 없는 방식이 됩니다.

이러한 조건부 회복에 익숙해지면, 그 조건이 성립되지 않을 때 우리는 무엇으로 스트레스를 풀고 에너지를 회복해야 할지 막막해질 수 있지요.

이에 반대되는 관점이 '상시적 회복'이에요. 돈이 있든 없든, 시간이 많든 적든 할 수 있는 회복이지요. 이것에 익숙해지면 우리는 언제든지 자신의 스트레스 상황에서 그 방식을 꺼내어 사용할 수 있습니다. 선택할 수 있는 옵션이 다양해지면 더욱 좋겠지

요? 경은 씨 이야기를 이어가기 전에, 여러분의 회복 방식은 어떤

지 한번 살펴볼까요?

나의 회복 방식은 조건부일까, 상시적일까?

여러분은 스트레스를 받을 때, 힐링하고 싶을 때, 에너지를 회복하고 싶을 때 무엇을 하나요? 자유롭게 생각나는 대로 써봅시다.

자, 다 썼다면 이제 이것들이 조건부 회복 방식인지, 상시적 회복 방식인지
따져보고 분류해볼까요?

조건부 회복 / 휴식		상시적 회복 / 휴식
무엇인가요?	어떤 조건이 필요한가요?	무엇인가요?

회피, 몰입, 직면

자신의 휴식 방식을 살펴보는 작업은 경은 씨와도 함께 해봤어요. 그녀의 휴식 방식은 주로 여행 가기나 남자친구와 데이트하기, 넷플릭스 드라마 정주행하기 등 조건부 회복에 몰려 있었습니다. 돈(여행)이나 사람(남자친구), 또는 충분한 시간(드라마 정주행)이 필요한 것들이었지요.

그리고 또 한 가지 특징은 주로 그 상황을 '회피'하는 방식을 선택해왔다는 겁니다. 물론 이것이 나쁜 것만은 아닙니다. 다만 스트레스를 대처하는 방식은 다양하기 때문에, 우리가 그 다양한 방법을 모두 알고 능동적으로 선택할 수 있을 때, 문제 상황에 좀 더 유연하게 대처할 수 있다는 거죠.

어떤 방식들이 있냐고요? 크게 세 가지가 있습니다. 회피, 몰입, 직면이에요.

첫 번째로 '회피'는 주로 잠, 여행같이 그 상황을 벗어나려는 방식입니다. 뭔가 'OFF' 하는 것 같은 느낌의 선택지죠.

두 번째인 '몰입'은 다른 것에 깊게 빠져들어 주의를 돌리는 방식입니다. 친구와 술을 마시면서 대화에 빠져들거나, 좋아하는 아이돌 덕질(좋아하는 분야나 인물에 심취해 관심과 열정을 가지고 파고드는 행동)을 하면서, 또는 드라마 전편을 밤새 몰아보면서 잊는 거지요. 이러한 몰입은 회피와 달리 무언가에 집중하면서 잊는다는 느낌이 강한데, 어쨌든 문제를 들여다보는 게 아니라 피한다는 점에서 회피의 일종으로 보기도 해요.

세 번째인 '직면'은 스펙트럼이 넓은데요. '문제 상황을 피하지 않는 것'에서부터 '문제 상황을 적극적으로 해결하는 것'까지 모두 포함됩니다. 직면이라고 하면 후자, 그러니까 강하게 맞서 싸우는 것만 생각하고 자신 없어 하는 분들도 많은데요. 회피나 몰입에 쉽게 빠지지 않으려고 하는 정도만으로도 충분히 직면이라고 볼 수 있습니다. 물론 점진적으로는 마음의 근육을 길러 문제를 해결해버리는 것이 이상적이지요.

왠지 기센 사람만 가능할 것 같다고요? 아닙니다. 문제 해결에 필요한 역량은 강한 전투력이 아니라, 섬세한 자기 분석이거든요. 예시 하나를 들게요.

제가 다니는 헬스장은 PT 전문입니다. 작은 공간에 몇몇 사람만이 오가는 아담한 곳이지요. 자연스레 트레이너들과 대화할 시간도 많아요. 그중에서도 관장님은 첫인상부터 아주 강해 보이는 사람이었습니다. 물론 근육도 엄청나지만, 의지가 무척 강해 보인다고 할까요? 약속 시간도 칼같이 지키고, 한번 하겠다고 하면 어떻게든 해내는…. 뭐랄까 저와는 확실히 다른 인종처럼 보였지요.

그런데 어느 날 그 관장님이 제게 묻는 거예요.

"회원님, 번아웃이나 회복에 관한 주제로 글을 쓰시던데, 혹시 주로 어떤 이야기를 쓰세요?"

"음, 여러 가지 내용을 쓰는데, 최근에는 '무작정 휴가가 답은 아니다' 그런 글을 썼네요. 근데 왜요?"

"아, 저도 한 번 번아웃이 세게 왔었거든요."

"엥? 선생님이요?"

정말 의외였죠. 아예 지치지 않을 것만 같은 분이었거든요. 그런데 자세히 들어보니 관장님이 번아웃을 겪은 이유와 그 해결 방법이 '직면'에 딱 알맞은 케이스였어요.

여기서 퀴즈 하나 나갑니다. 관장님은 왜 번아웃이 왔을까요?

두 가지 힌트가 있는데요. 첫째, 그는 사람들과 사소한 잡담이나 쓸데없는 이야기를 잘 하지 않는 내향인입니다. 둘째, 우리 헬스장은 PT를 전문으로 하는 곳이라 공간이 넓지 않아요.

자, 정답이 나왔나요? 어렵다고요? 그럼 이야기를 좀 더 이어가볼게요.

관장님도 처음에는 이유를 몰랐다고 해요. 왜 이렇게 자꾸 진이 빠지지? 힘들지? 그러다가 매일 관찰하며 본인의 성향과 처한 상황을 살펴보기 시작했답니다. 처음에 그는 그리 넓지 않은 공간에 최대한 운동기구를 많이 넣기 위해 다른 모든 공간을 최소화하는 선택을 했습니다. 트레이너의 휴식 공간조차 따로 만들어두지 않았다고요. 그는 출근해서 퇴근할 때까지, 12시간 내내 회원들에게 노출되어 있었습니다. 언제나 누구라도 인사를 하거나 말을 걸어오면 대답을 해야 하는 상황이었지요.

석 달쯤 지났을 때 그는 깨달았습니다. 혼자 가만히 있을 때 충전되는 성향인 본인에게 이런 공간 배치는 강한 스트레스 요소가 된다는 사실을 알게 된 거죠. 그래서 아주 작게나마 트레이너의 휴게 공간을 만들었다고 합니다. 그 후 빠르게 번아웃 상태에서 벗어날 수 있었다고 해요.

자신이 성향과 문제 상황을 분석하는 이 과정 자체가 아주 훌륭한 '직면' 사례라고 볼 수 있습니다. 나는 왜 힘이 들까? 나는 어떤 상황을 피하고 싶은 걸까? 그러려면 어떤 변화가 필요하지? 이런 질문을 자신에게 던지는 것이지요.

저는 경은 씨에게 이 에피소드를 들려주며 함께 문제 상황을 직면할 수 있는 연습을 권했습니다. 그녀는 수긍하면서도 이렇게 말했지요.

"결국 제가 타인의 부탁을 거절할 수 있어야 할 텐데, 당장 될 것 같지 않아요."

"맞아요. 제가 경은 씨를 위한 장기적인 리추얼을 준비해볼 테니, 그건 걱정하지 마시고요. 경은 씨는 당장 콜센터 지원 업무로 지친 그날그날의 마음을 돌볼 만한 작은 리추얼을 찾아보면 어떨까요? 상시적 회복이 가능한 것들로요."

며칠 뒤 경은 씨는 이런저런 것들을 적어 저를 찾아왔어요.

"이런 것도 괜찮나요? 제가 좋아하는 것들이긴 한데."

그녀가 생각해온 것은 다음과 같았습니다.

하루 한 장 묵상집 읽기.

립밤 충분히 바르고 자기.

마스크팩 붙이기.

유튜브 불멍 영상 보기.

"너무 좋은데요? 이걸 규칙적으로 해보면 어떨까요? 매일 저녁 자기 직전에 나를 위해 10분 정도를 쓴다면 이 중에서 어떤 걸 할 수 있을 것 같아요?"

"10분이면 팩은 좀 어렵겠고 매일 할 자신도 없어요. 나머지는 다 가능할 것 같아요."

"그럼, 이것의 순서를 정해서 경은 씨만의 마이크로 리추얼로 만들어보자고요."

그렇게 경은 씨는 립밤을 충분히 바르고, 묵상집 딱 한 장을 읽은 후 졸리기 전까지 불멍을 쳐다보는 밤을 보내기로 했습니다. 약속은 하면서도 과연 이런 게 도움이 될까 궁금한 눈빛으로 저를 쳐다보고 있더군요. 저는 말했지요.

"경은 씨, 거절 못하는 분들의 공통점이 뭔 줄 아세요? 타인에게 친절하느라 자기 자신에게 가장 불친절하다는 거예요. 타인의 편안함을 위해서 나 자신에게 자꾸 불편한 상황을 강요하잖아요. 그렇게 하루 종일 자신을 가장 후순위에 두고 살아가는 분이라면, 10분이라도 나를 최우선 순위에 두고 대접하는 연습이 필요하지 않겠어요? 자기를 남보다 중요하게 여기는 순간이 생기고 늘어나야 어느 날 거절도 할 수 있을 거예요."

그리고 저는 마지막으로 한 가지 리추얼을 권했습니다.

"이건 제가 추천드리는 건데요. '자존감 칠판'이라는 거예요. 자기 자신에게 친절해질 수 있는 연습이기도 하고 자신을 소중히 여기면서 '내가 나를 함부로 대해선 안 되겠구나'를 직면할 수 있는 거울이 되어줄 거예요. 꼭 100일만 해보기로 약속해요. 그리고 마지막으로, 아주 편안한 사람의 부탁부터 거절해봐요. 거절도 연습하면 늘더라고요."

그렇게 경은 씨와의 마지막 만남이 끝났어요. 그 후로 어떻게 지내고 있을까, 가끔 생각나곤 했는데 이게 웬일? 2년쯤 지나 기업 워크숍을 갔는데, 그곳의 담당자 중 하나가 경은 씨인 거예요. HR 부서로 옮겨 교육 담당자가 되었다며 웃어 보이는 그녀에게 근황을 물었어요.

"완전히 바뀌진 않았어요. 그래도 열 번에 두 번 정도는 거절해요. 이 정도면 괜찮아진 편 맞죠?"

"아, 진짜요? 다음에 우리 집단 상담할 때 객원 상담사로 모셔야겠네. 경험담 좀 공유해줘요!"

경은 씨는 씩 웃으면서 이야기하더라고요.

"거절할게요! 거절 연습 하라면서요. 지금 하는 거예요."

자기인식 상태 점검

경은 씨와 함께 했던 자존감 칠판은 자기인식(Self Awareness) 상태의 불균형을 맞추는 작업 중에 하나입니다. 자기인식 상태란 자신의 다양한 면을 얼마나 인지하고 자기 자신을 객관적으로 바라보는가를 말합니다.

스탠퍼드대학교 경영학과의 실험에서 해당 대학 자문위원들에게 '당신의 삶을 이끌어가는 데 가장 중요한 역량은 무엇이었습니까?'라고 물었을 때, 1순위로 꼽힌 역량이기도 하지요.

이 자기인식 상태가 불균형하다는 말은, 자기 자신에 대해 단점만 과도하게 많이 알거나 장점만 너무 많이 알고 있는 상태를 말하기도 합니다. 동북아시아인은 전자에 해당하는 경우가 많아요. 나의 장점과 단점을 나눠 서술하게 해보면 단점을 훨씬 더 쉽게 떠올리는 경향이 있습니다. 경은 씨는 조금 더 과한 편이었고요. 이런 면이 부각되면 자기 자신에 대한 가치를 무의식적으로 낮게 책정하고 집단 안에서 자기를 과하게 희생하는 경우도 생겨납니다.

우리는 성장하면서 종종 혼이 납니다. 그러면서 자신의 '고칠 점'을 듣고,

기억하게 되지요. 반대로 칭찬을 들으면서 자신의 '좋은 점'을 알게 됩니다. 하지만 좋은 점은 고칠 점에 비해 오래 기억되지 않는 경우가 많은데요. 여러 가지 이유가 있지만 그중 하나가 바로 "아니에요"라는 언어 습관입니다. 칭찬을 "감사합니다"로 받지 못하고, 겸손해야 한다는 무의식이 발현되는 거지요. 그렇게 고칠 점은 오래 기억하고 칭찬을 튕겨내며 살다 보면, 자기인식 상태의 불균형을 초래하기도 합니다.

자, 여러분도 한번 여기에 써볼까요? 각각 10가지씩 써보고요. 시간이 얼마나 걸렸는지도 체크해봅니다.

나의 자랑스러운 점 / 멋진 점	나의 고치고 싶은 점 / 아쉬운 점
쓰는 데 걸린 시간	

나를 살리는 자존감 칠판

자존감 칠판은 진짜 칠판을 말합니다. 저의 집에는 2만 7,000원을 주고 산 검은 칠판이 있어요. 벽에 거는 거 말고, 왜 카페나 식당에서 문 앞에 '오늘의 메뉴'라고 적어놓는 거 있잖아요. 세워두는 칠판이요. 그게 거실에 떡하니 놓여 있지요.

매일 밤 자기 전, 저는 그 칠판 앞에 가서 거기에 적힌 글귀를 읽고 잡니다. 중얼중얼 두 번 정도 읽으면 2분 정도가 걸리는 것 같아요. 무엇이 적혀 있냐고요? 칭찬들이 적혀 있답니다.

자존감 칠판은 간단해요. 작은 칠판 하나를 구해도 좋고요. 가족들과 같이 살아서 공간이 마땅치 않다 하시는 분은 노트나 휴대폰 바탕화면도 좋아요. 단, 반드시 매일 볼 수 있는 익숙한 장소에 놓여 있어야 합니다. 어떤 분들은 노트북 바탕화면의 위젯 기능을 사용해서 출근 직후에 읽기도 하시더라고요.

어쨌든 쓸 곳을 정했다면, 이제부터 하나씩 수집하는 단계로 들어갑니다. 지난 세월을 곰곰이 돌이켜보면서 크든 작든 나를 웃음 짓게 했던 칭찬이 있다면 적어봅니다. 사소한 것도 좋아요.

제 칠판에는 "어머나, 마흔 살이요? 죄송해요. 제 또랜 줄 알고 말을 너무 편하게 했네요"라는 문장도 적혀 있어요. 동안이란 소리죠. 얼마나 기분 좋습니까. 또 "야, 너는 3년 만에 만났는데 어제 만난 거 같냐?"라는 친구의 말도 적혀 있어요. 그만큼 변함없고 친근하다는 뜻이겠지요.

이렇게 꼭 대단한 칭찬이 아니어도 좋습니다. 나에게 기분 좋은 에너지를 주었던 칭찬들을 떠올리며 적어보세요. 때로는 내가 거울 속 나에게 칭찬할 때도 있지요? 놓치지 말고 칠판에 업데이트하세요. 아마 짧게는 2주, 길게는 3개월 정도 지나면 10개 정도는 적을 수 있을 거예요.

그렇게 쌓이면 그때부터 작게 소리 내어 읽는 겁니다. 자기 전이든, 출근 전이든 좋아요. 소리 내어 읽는 이유는 공감각을 이용해서 눈으로만 볼 때보다 더 깊게 우리 기억 속에 각인하기 위함입니다.

자, 말 나온 김에 지금 한번 해볼까요? 칠판 하나를 준비했습니다!

자존감 칠판

micro ritual

<u>5</u>

팀장 포비아,
팀장이 되는 게 불안한 사람들

'팀장 포비아(phobia, 공포증)'라는 말을 들어보셨나요? 팀장이 되고 싶지 않은 요즘 직장인들의 마음을 나타내는 신조어입니다. 1990년대 후반까지만 해도 우리 사회에서 팀장이라는 직책은 시간이 흐르면 자연스럽게 맡게 되는 것이었지요.

하지만 IMF와 서브프라임 모기지 사태를 지나오면서 세상은 바뀌었습니다. 팀장을 달지 '못'하는 무직책 차·부장이 늘어나기 시작했어요. 그런데 또 한 번 세상이 바뀌었어요. 이제는 팀장을 '안' 달고 싶어 하는 사람들이 늘기 시작한 겁니다.

한 기업 관리자 워크숍에서 만난 철형 씨도 그 '팀장 포비아'를 겪고 있는 직장인이었습니다. 공채 출신으로 입사해 10여 년간늘 조직의 에이스 역할을 해왔던 그는 동기들 중에 제일 먼저 팀장이 되었습니다. 사람들과의 관계도, 업무 성과도 워낙 흠잡을 데 없었던 사람이었기에 이직을 한 번도 생각해본 적이 없었다던 그. 팀장이 된 지 딱 10개월째에 처음으로 '이직할까?'라는 생각이 들었다고 했습니다. '엄친아' 동료에서 기피 대상 팀장이 되어 버린 겁니다.

"분명 내가 알던 사람들인데, 팀장이 되고 나서 보니까 완전히 낯선 사람들을 상대하는 기분이 들더라고요. 내가 이 사람들을 이렇게 몰랐나? 우리가 이렇게 안 맞았었나?"

팀원들을 이끄는 상황에 놓이고 보니 완전히 다른 세계가 펼쳐지더라는 겁니다. 팀의 성과 지표를 위해 구성원들을 독려해야 하는데, 팀원 하나하나의 욕구와 성향은 다 다르고, 그걸 파악하기도 너무 어려웠다는 겁니다. 특히나 철형 씨가 팀장을 달았던 2020년은 코로나19로 인한 재택근무 상황이었어요. 구성원을 만날 수 없는 상황에서 리더십을 발휘해야 하는 것은 베테랑 팀장님들에게도 쉽지 않은 일이었으니, 1년차인 그에게는 그야말로 혼돈이었겠지요.

"가장 힘든 건 1 ON 1이었어요."

1 ON 1, 들어보셨나요? 기업 조직 문화 중 하나인데요. 리더와

구성원이 1 대 1로 대화를 나누는 시간을 말합니다. 미국 실리콘밸리 기업들에서는 아주 흔하게 볼 수 있는 문화인데요. 우리나라처럼 회식을 통해 멤버십을 다지는 게 아니라, 리더와 구성원 개인이 1 대 1로 이야기를 나누면서 한 명의 리더에 대해 모든 구성원이 각각 다른 '라포(rapport, 상호 신뢰관계를 나타내는 심리학 용어)'를 맺게 하는 겁니다. 즉 모든 구성원이 한 명의 리더를 따르지만, 그 이유가 모두 다른 거예요. 누군가는 '업무 능력에 배울 점이 있어서', 누군가는 '정말 인성이 좋은 분이라서', 또 누군가는 '내 커리어 패스(career path)에 조언을 잘 해줘서' 등으로 세분화되는 거죠.

이렇게 팀장이 각 구성원의 욕구와 기질, 그리고 지금의 업무 상태 등을 개별적으로 파악하며 동기부여를 하는 것은 분명 장점이 있습니다. 그래서 이 실리콘밸리의 문화가 우리 기업들에도 도입되기 시작한 거죠. 그런데 이러한 방식이 마냥 좋을까요? 여러분이 팀장이라고 생각해봅시다. 우리 회사에서 이제부터 1 ON 1을 도입한다고 메일이 왔을 때, 가장 먼저 어떤 생각이 들까요?

'와, 한 명씩을 언제 다?' 아닐까요. 사실 모든 팀원을 돌아가며 1 대 1로 만나는 과정 자체가 팀장에게 시간적, 정신적 에너지를 상당히 요구합니다. 왜냐면 이 1 ON 1은 단순히 '팀장과 팀원이 한 명씩 돌아가며 밥을 먹는다'는 개념이 아니거든요. 팀원들이

'지치지 않고 업무에 몰입'할 수 있도록 도와줘야 합니다. 지치지도 않으면서 몰입까지 하게 한다? 한마디로 팀장이 팀원들의 커리어 코치 역할을 겸해야 하는 거죠.

철형 씨는 나름대로 책도 보고 코칭 수업도 들으며 애를 써봤지만, 극소수를 제외하고 대부분의 팀원은 이를 불편해했습니다. 1 대 1로 만나도 아예 말을 하지 않는 경우도 있었고(팀장이 되기 전에는 친하다고 생각하던 사람인데도!), 철형 씨 혼자 떠들다가 나오는 경우도 많았습니다. 당황스러워 하는 그에게 저는 물었지요.

"철형 씨, 아마도 본인이 지금까지 팀원으로서 가지고 왔던 강점들을 리더십에서도 그대로 적용하고 있는 건 아닐까요? 철형 씨가 일단 어떤 가치를 중요시하는 사람인지, 그리고 그것이 현재의 리더십에 어떻게 반영되고 있는지 살펴볼 필요가 있겠어요."

제가 내민 것은 이렇게 생긴 A4 용지 한 장이었습니다.

나_____의 존재 소개

나는 _____ 사람이다.

나는 _____ 사람이다.

나는 _____ 사람이다.

나는 _____ 사람이다.

"이건 '존재 소개'라는 거예요. 하루에 한 가지씩, 생각나는 대로 써보세요. 자신의 기질, 특성, 일하는 스타일, 습관 어떤 것이든 좋아요. 이걸 통해서 철형 씨 자신의 자기인식 상태부터 높여나가면서 내가 어떤 성향의 사람인지, 그리고 나는 어떤 방식으로 사람을 이끌 수 있는지 구체화해보는 거죠."

앞선 에피소드에서도 여러분께 말씀드렸던 자기인식 상태. 이것은 나의 다양한 면을 스스로 얼마나 알고 있느냐를 말합니다. 즉 '나는 이런 사람이다'라는 설명을 많이 할수록 자기인식 상태가 '높다'고 볼 수 있고요, 적을수록 '낮다'고 볼 수 있습니다.

자기인식 상태가 낮다고 해서 꼭 문제가 생기는 것은 아닙니다만, 자기인식 상태가 높은 사람일수록 변화하는 환경에 적응하기가 쉽습니다. 자신의 다양한 면을 알고 있기 때문에 새로운 환경에 놓이게 되면 그에 맞게 자신의 여러 기질 중에서 이전과 다른 면을 꺼내어 쓸 수 있는 거죠.

한 달 뒤, 철형 씨는 메일로 자신의 존재 소개를 보내왔습니다.

micro ritual

6

모두가 성장하는 삶을 원하지는 않는다

철형 씨가 보내온 존재 소개는 다음과 같았습니다.

나 박철형의 존재 소개

나는 일을 빠르게 처리할 수 있는 사람이다.

나는 매일 성장하는 기분을 느끼길 원하는 사람이다.

나는 무례한 사람을 보면 입을 꾹 닫아버리는 사람이다.

나는 날씨의 영향을 많이 받는 사람이다.

나는 요즘 잠이 많이 부족한 사람이다.

나는 하루에 30분이라도 헬스장에 가려고 노력하는 사람이다.

나는 윗사람보다 아랫사람이 더 어려운 사람이다.

나는 말보다 글이 더 편한 사람이다.

나는 사십춘기(40세의 사춘기를 뜻하는 신조어)를 겪고 있는 사람이다.

나는 책임감이 강한 사람이다.

나는 지각하는 것보다는 미리 와서 기다리는 게 나은 사람이다.

나는 노력하는 사람이다.

나는 휴식하는 법을 잘 모르겠다고 생각하는 사람이다.

나는 일에서 보람과 성취를 느끼는 사람이다.

나는 혼날 때보다 칭찬받을 때 더 힘을 얻는 사람이다.

나는 친구들과의 맥주 한잔에서도 힘을 얻는 사람이다.

나는 멀티태스킹에 약한 사람이다.

나는 긴장하면 오히려 말을 더 많이 하는 사람이다.

나는 안정 속 모험을 추구하는 사람이다.

나는 게임을 하면 누가 오는 소리도 못 듣는 사람이다.

나는 나 자신이 어떤 사람인지 알다가도 모르겠는 사람이다.

나는 약속이 없는 주말에는 잠만 자는 사람이다.

나는 인정 욕구가 강한 사람이다.

나는 학벌 콤플렉스가 있는 사람이다.

나는 새로운 것에 관심은 갖지만, 시도는 잘 안 하는 사람이다.

나는 계획된 일과를 제대로 수행하면 뿌듯한 사람이다.

나는 위로, 공감보다 해결책을 제시해주는 사람을 좋아하는 사람이다.

나는 의외로 눈물이 많은 사람이다.

그가 어떤 사람인지 조금은 눈에 그려지나요? 그는 안정을 추구하면서도 그 안에서 성장하고자 하는 사람이지요. 조직에서 성과를 내고 그것을 통해 인정받으면서 입지를 구축해나가고 있는, 그야말로 '에이스'다운 특성을 가지고 있었습니다. 일이든 게임이든 하나에 집중하는, 남다른 몰입력을 가지고 있기도 했고요.

그런 그에게 질문했습니다.

"혹시, 팀원들과 대화할 때 어떤 식으로 동기부여를 해주려고 노력하시나요?"

"최대한 각각의 욕구에 맞게 해보려고 하는데, 일단 지금 맡은 일에 대해 그 팀원에게 어떤 기대 효과가 있을지 설명하고, 같이 고민하려고 노력해요. 최대한 칭찬과 인정을 해주려 하고요."

"철형 씨, 그런데 모든 팀원이 칭찬과 인정을 원하지 않을 수도 있습니다. 누군가는 단지 돈이 필요해서 직장을 다니기도 하거든요, 그런 사람에게 인정 욕구는 무의미하지요. 또 어떤 사람은 정규직 일자리, 그러니까 안정 욕구가 충족된 상태에 그냥 충분히 만족하는 경우도 있을 겁니다. 반대로 누군가는 성장을 바라긴 하지만, 칭찬보다는 냉정한 지적을 들을 때 자극을 받아 성장하는 사람도 있을 거예요."

'내가 그걸 어떻게 다 맞춰주지?'라는 표정으로 저를 쳐다보는 철형 씨에게 말했습니다.

"음, 1 ON 1 시간에 할 말이 없으시면요. 팀원들과 이 작업을 함께 해보는 거예요. 서로가 어느 정도 서로의 욕구를 아는 상태로 대화하면… 아, 아니다. 그냥 제가 한번 철형 씨네 사무실에 놀러 갈까요? 팀원들을 모시고 이 존재 소개 워크숍을 한번 해드릴게요. 같이 쓰다 보면 팀원들도 철형 씨도 분명 서로의 접점을 찾을 수 있을 거예요."

그로부터 석 달 뒤, 다시 철형 씨에게서 연락이 왔습니다. 저희 동네로 온다더군요. 이제는 상담자와 내담자가 아닌 동갑내기 친구가 된 그와 맥줏집에 마주 앉았지요. 처음 만났을 때보다 훨씬 편안해진 표정에 저까지 기분이 좋았습니다.

"재열 님, 그때 다녀가신 후로 저희 팀 모두가 조금씩 변화를 느끼고 있습니다. 감사해요. 각각의 팀원이 어떤 존재인지를 알게 되니까, 어떤 방식으로 격려해야 할지 힌트를 찾아갈 수 있겠더라고요. 팀원들에게서도 '박철형 쟤가 왜 저러나' 하는 표정이 좀 줄어든 느낌을 받아요. 아직 완전히 잘하고 있다고는 못 하는데요. 쓰나미는 조금 지나간 느낌이에요."

"도움이 되었다니 다행이네요."

"아, 그런데 이 존재 소개라는 거요. 저는 그 후로도 계속하고 있는데, 상당히 좋더라고요. 쓰다 보니까 나라는 사람의 사용설명서를 쓰는 느낌이라고 해야 하나? 다른 용도로도 쓸 수 있을 것 같아요."

"다른 용도요? 어떤?"

"저는 매일 두 개 정도씩 쓰는데, 벌써 200개가 넘게 쌓였거든요. 너무 지친다 싶을 때는 존재 소개 파일을 열어서 '편안'이라는 단어를 검색해요. 그러면 '나는 뭐 할 때 편안한 사람이다' 하는 문장들만 선별되어 뜨잖아요. 그걸 보고 '아, 오늘은 이걸 해봐야겠다'라고 휴식 힌트를 얻는 것 같아요. 한번 생각만 하고 지나가면 다 까먹을 텐데, 기록으로 적어두니까 나라는 사람이 언제 불편하고, 언제 편안한지 알 수 있는, 즉 '나 사용설명서'처럼 활용할 수 있겠더라고요."

저는 웃으며 말했습니다.

"이야~ 역시, 일 잘하는 사람은 다르네. 그렇게 활용하실 줄이야. '나 사용설명서'라는 표현, 너무 좋은데요? 이 얘기 제 책에 좀 쓸게요. 괜찮죠? 대신 술값은 제가 낼게요!"

나 사용설명서, 존재 소개

철형 씨의 사례를 보면서, '나는 팀장이 아니니까'라며 페이지를 넘긴 분이 계신가요? 하지만 이 페이지만큼은 지나치지 마세요. 원래 존재 소개는 직장 내 리더십과 코칭을 위해 만들어진 것이 아니라, 누구나 사용할 수 있는 범용적인 리추얼이니까요.

철형 씨처럼 이것을 통해 자신의 성향을 분석해 더 일을 잘하는 데 쓸 수도 있지만요. 누군가는 내가 편안하고 불편한 상황들 중심으로 쓰면서, 회복을 위한 도구로 쓰기도 하고요. 누군가는 어떤 사람과 잘 맞고 안 맞는지를 쓰면서 자신의 관계 특성에 대해 참고하기도 합니다.
더 나아가 어떤 목적 없이 쭉 쓰는 그 자체가 도움이 되더라는 분들도 있어요. 그냥 일주일, 열흘, 한 달 쓰면서 내가 나를 더 잘 알게 되는 것 같은 그 기분으로 충분한 거죠.

'나는 어떤 사람이지?'라는 질문에 매일 하나씩 답을 하면서, '나는 이런 사람이구나'라는 자기 이해를 높여가는 과정 그 자체는, 한치 앞을 모르는 삶속에서 우리의 마음 중심을 잡아주는 무게추 역할도 합니다.

아, 취준생 분들은 생각지 못한 효과(?)를 말하기도 하더군요.

"재열 님, 저 이거 쓰고 나서 자소서와 면접에 강해졌어요! 처음 자소서 쓸 때는 자기를 소개하라는 부분에서 무슨 말을 해야 할지 엄청 고민했었거든요. 면접 때 1분 자기소개도 그랬고요. 그런데 제가 쓴 존재 소개 중에서, 그 회사의 직무와 인재상에 가장 잘 맞는 걸 참고하다 보니 술술 나오더라고요."

정말 다양한 활용법이 있지요? 이렇듯 존재 소개는 그 자체가 하나의 목적을 가지는 것이 아니라, 작성자인 여러분의 기질과 특성에 따라 다양한 효과를 가지게 됩니다.

비유하자면, 이 존재 소개를 쭉 쓰는 과정은 레고 블록을 최대한 많이 모으게 되는 과정이라고 생각하면 쉬워요. 그 블록들을 활용해서 누군가는 집을 짓고, 누군가는 자동차를 만들지요.

여러분의 한 줄 한 줄은 모이고 쌓여서 어떤 것들을 만들어가게 될까요? 한번 써볼까요?

나_____의 존재 소개

나는 _____ 사람이다.

나는 _____ 사람이다.

나는 _____ 사람이다.

나는 _____ 사람이다.

나는 _____ 사람이다.

나는 _____ 사람이다.

나는 _____ 사람이다.

나는 _____ 사람이다.

나는 _____ 사람이다.

나는 _____ 사람이다.

나는 _____ 사람이다.

나는 _____ 사람이다.

나는 _____ 사람이다.

나는 _____ 사람이다.

나는 _____ 사람이다.

나는 _____ 사람이다.

나는 _____ 사람이다.

나는 _____ 사람이다.

나는 _____ 사람이다.

micro ritual

<u>7</u>

명상은 화장실에서도
할 수 있어야 해요

제가 지금껏 주로 글쓰기와 관련된 리추얼을 많이 소개해드렸네요. 이 때문에 여러분께서 '리추얼은 주로 쓰는 건가?'라고 생각하실 수도 있을 것 같아요. 하지만 그렇진 않아요. 움직이는 것, 소리 내는 것 등 다양한 형태의 리추얼이 있습니다.

그중에서도 가장 좋은 리추얼을 딱 하나만 꼽으라면 저는 명상이라고 생각해요. '리추얼의 꽃'이라고도 불리지요. 시간과 장소의 구애를 받지도 않고 즉각적으로 심신의 안정을 주니까요.

그래서 이번엔 명상 이야기를 하려고 하는데 마침 이 에피소드를 들려드리면 좋겠네요. 몇 달 전에 아주 재미있는 일이 있었어요. 오랜만에 TV 토크쇼의 진행을 맡았거든요. 그날은 우리나라 불교계 전체에서 가장 큰 어른이라고 볼 수 있는 조계종 총무원장이신 진우 스님과의 대담이 있었는데요. 진우 스님은 명상을 오랫동안 해오신 분이었습니다. 자연스레 그날의 주제 역시 '명상'이었습니다. 한창 마음이 흔들리는 시기를 살아가는 2030 세대를 위해 생활 속 명상의 가치를 알리자는 취지로 만든 프로그램이었어요.

섭외가 되어 '일'을 하러 온 것이긴 했지만, 내심 기대가 되었습니다. 명상을 이제 막 시작하고 생활화하고 있는 저로서는 궁금한 것도, 질문하고 싶은 것도 꽤 많았거든요. 그런데 초면에 다 물어도 될까 하는 고민이 됐어요. 마음이 여러 갈래로 나눠지더라고요. 쉽게 만나 뵐 수 있는 분이 아니다 보니 이것저것 여쭤보고 싶은 마음은 굴뚝인데, 제가 진행자이니만큼 방송국 눈치도 보이고, 엄청 큰 스님이시니 말 한번 잘못했다가 큰 실례를 범하지 않을까 긴장도 됐어요.

이렇게 갈팡질팡하는 제 마음을 아셨을까요? 촬영 전에 스님께서 부르셨어요. 차를 한잔 내어주시더니, "편하게 묻고 싶은 거 다 물어봐"라고 하시는 거예요. "진짜요?"라고 물었더니 고개를 끄덕이셨어요. 그래서 저는 반신반의하는 마음으로 질문 하나를 드렸지요.

"그럼… 스님, 혹시 MBTI 아세요?"

한 2초 정도 적막이 흘렀지요.

'아, 망했다. 너무 오버했나?' 싶을 때쯤, 적막을 깨고 들려온 한마디.

"INFJ."

어라? 정확하게 아시는 거예요. 젊은이들과 소통하고 싶어서 설문을 직접 다 해보셨대요. 그 순간 무언가 마음의 벽 하나가 스르륵 허물어지더라고요. 갑자기 친근해진 느낌이 들었다고 할까요? 실제로 말씀을 나눠보니 재치도 있으셨고 대화도 잘 통했어요. 그래서 결심했지요.

'아 오늘 대본 안 봐! 애드리브로 가야겠다. 내가 궁금한 것 다 여쭤보고 가야지!'

그러고는 얼마 뒤 촬영이 시작되었지요. 한참 이야기가 중반으로 갈 무렵, 급 질문을 했어요.

"스님, 그런데 어찌 보면 2030 청년들이 가장 현생이 피곤한 세대기도 하잖아요. 오늘 좋은 말씀을 많이 들어도, 일상에 치이다 보면 짬을 못 내서 흐지부지될까 봐 걱정이에요. 배우기만 하고 실천을 안 하면 다 까먹어버리잖아요. 어떻게 해야 할까요?"

스님이 말씀하셨지요.

"명상은 짬을 내서 하는 게 아니라 언제 어디서나 할 수 있는 거지요. 심지어 화장실 볼일 보면서도 할 수 있어야 합니다."

어떤 의미일까요? 우리가 명상이라는 것에 가지고 있는 관념적인 편견을 깨야 한다는 말씀이에요. 내담자분들을 만나다 보면 명상이라는 것에 대한 이미지가 있어요. 일단 요가 매트를 깔고, 향초 하나를 켜고, 집에 아무도 없을 때 '각 잡고' 해야 한다는 생각을 하지요. 그럴 때 더 잘될 것이라는 생각이 들기도 하고요.

왜 그럴까요? '명상=집중'이라고 생각하기 때문이지요. 명상하는 중에 딴생각이 들면, 제대로 못 하고 있다고 생각하기 마련입니다. 저도 그렇게 생각을 했었고요. 하지만 그런 편견을 깨기라도 하듯 스님께서 놀라운 말씀 하나를 하셨어요.

"저도 여전히 명상 때 다른 생각이 들기도 합니다."

갑자기 위안이 확 되는 거예요. 아, 저렇게 오랫동안 수행을 하신 스님도 다른 생각이 들 수 있구나. 저는 물었어요.

"그럼 그럴 때 어떻게 하는 것이 가장 좋은 태도인가요?"

"그냥 알아차리고 다시 명상으로 돌아오면 되지요."

잡생각이 드는 그 자체를 책망하거나 문제시하지 말고 '다시 돌아오는 힘'을 기르면 된다는 겁니다. 어쩌면 이 돌아오는 힘은 명상만이 아니라 우리 삶 자체에서 필요한 가치일지도 모르겠어요.

생각해보면 우리는 고작 5~10분짜리 명상에서조차 수많은 잡생각 때문에 '내 뜻대로 되지 않는구나'를 느낍니다. 하물며 100년 인생에서는 오죽할까요. 그런 상황에서 우리에게 필요한 것은 그 상황 자체를 원망하고, 책망하는 것이 아니라 빠르게 다시 일상의 본궤도로 돌아올 수 있는 유연함이겠지요.

그날의 토크쇼를 마치고 깨달았어요. 명상이라는 것은 그저 일상을 고요하게 만들어주는 도구 정도가 아니라, 인생에서 생각지 못하게 궤도를 빗나갔을 때, 또는 온갖 생각으로 흔들릴 때 '다시 돌아오는 힘'을 길러주는 고요하고도 강한 '중심 잡기의 연습'이라는 걸요.

하루를 시작하는 웃음, 미소 명상

명상, 좋다는 건 알지만 처음 시작하려면 꽤 막연하고 어렵게 느껴지기도 합니다. 그럴 때는 영상이나 음성 가이드를 따라 시작해보는 것도 좋아요. 넷플릭스에선 〈헤드스페이스: 명상이 필요할 때〉라는 프로그램이 인기인데요. 명상이라는 주제를 감각적인 애니메이션과 재미있는 에피소드로 풀어낸 명상 반, 오디오북 반 느낌의 작품입니다. 한국판 내레이션은 〈더 글로리〉로 인기를 얻은 배우 이도현 씨가 해서 더욱 화제였지요. 부드러운 목소리를 따라가다 보면 저절로 나른해지는 것을 느끼곤 합니다.

하지만 명상은 언제나 나른함을 추구하는 리추얼은 아니에요. 명상은 형태와 길이, 그리고 내용에 따라 각기 다른 기능을 가지는데요. 이완과 숙면에 도움을 주는 멜라토닌 분비를 촉진시키는 명상이 있는가 하면, 집중력과 행복감에 영향을 주는 세로토닌을 활성화시키는 명상도 있답니다. 이번 시간에는 후자에 해당하는, 아침에 하면 좋을 명상 하나를 소개할까 해요.

바로 미소 명상이라는 건데요. 명상에서 가장 중요한 요소 중 하나인 시각화(visualization)를 적극적으로 활용하는 명상입니다. 쉽게 말해 머릿속으로 이미지를 떠올리는 명상이고요. 이 과정에서 뇌가 활성화, 즉 한 번쯤 스트레칭을 한다고 볼 수 있어요. 조금 더 명료하고 집중력 있게 하루를 시작할 수 있지요. 어떤 명상인지, 그리고 왜 '미소' 명상인지 지금 바로 알려드릴게요.

미소 명상 시작하겠습니다.
숨을 깊게 들이마시고, 내쉽니다.
한 번 더 깊게 들이마시고, 내쉽니다.

자, 이제 입꼬리를 끌어올려 가벼운 미소를 지어주시고,
저와 함께 세 가지를 연상해보도록 하겠습니다.

첫 번째, 나를 미소 짓게 만드는 장소 또는 풍경을 떠올려봅니다.
즐거운 추억이 있는 단골 카페도 좋고요.
잊을 수 없는 석양이 아름다웠던 여행지 바닷가도 좋습니다.
그 장소 또는 풍경을 떠올리면서 두 번 심호흡합니다.

들숨, 날숨 / 들숨, 날숨

두 번째, 그 장소 또는 풍경을 그대로 떠올리면서,
거기에 나를 등장시켜보세요.
그곳에 있는 나는 어떤 표정을 하고, 어떤 행동을 하고,
어떤 감정을 느끼는지 살펴보세요.
그 기분 좋은 장소 또는 풍경 속에 있는 나를 보면서 심호흡합니다.

들숨, 날숨 / 들숨, 날숨

세 번째, 미소가 지어지는 풍경 속의 나에게,

혹시 전하고 싶은 말이 있나요?

3초만 멈춰서 생각해봅니다.

이제 그 전하고픈 메시지를 심호흡에 담아 또 다른 나에게 전송해봅니다.

들숨, 날숨 / 들숨, 날숨

이제 눈을 뜹니다.

줄글로 보면 꽤 길어 보이지만, 3분이 채 걸리지 않습니다. 아침 기상 직후, 또는 출근길에 짜증으로 가득하다면 미소 명상을 통해 살짝 웃음을 띄우는 시각화 연습을 하는 거예요. 이미지를 그리는 과정 속에서 뇌가 활성화되면서 잠을 깰 수 있고요. 또 기분 좋은 풍경과 함께 나 자신에게 메시지를 보내는 것을 통해 감정의 중심을 잡은 채, 하루를 시작할 수 있답니다.

이때 잡생각이 들어도 자책하지 않기! 그냥 다시 돌아오기. 잊지 마세요.

위의 큐알 코드를 찍으면 저자의 목소리로 전하는 미소 명상 음원 가이드를 청취할 수 있습니다.

micro ritual

8

워킹맘,
하루 10분도 낼 짬이 없는 그대에게

제 오랜 친구 은아는 한때 로봇설(?)이 돌 정도로 완벽한 친구였어요. 학생 때는 공부도 잘했고, 회사에 가서는 일도 잘했지요. 연애도 잘했고, 결혼도 잘했고, 뭐든지 알아서 척척 잘하는 친구였어요. 흐트러짐이 없었어요. 왜 대학생 때 그런 친구 있잖아요. 엠티를 가서 다 같이 밤새 술을 먹고 잠들어도 항상 가장 먼저 일어나는 애. 완벽하게 단장을 한 뒤, 다른 애들을 깨우고 해장 라면을 끓이고 술병을 치우는 그런 애 말이에요.

그래서인지, 저는 은아가 좋았어요. 완벽한 사람을 동경하냐고요? 아니요. 그런 이유가 아니었어요. 은아는 저를 만나도, 자기 고민 이야기를 안 했거든요. 상담가가 되고 난 뒤, 가까운 친구 지인들은 저를 만나면 자연스레 고민 이야기를 하곤 했는데요.

싫지는 않았어요. 가까운 사람을 도와줄 수 있다는 게 오히려 보람되고 기쁘기도 했고요. 하지만 가끔은 일에서 벗어나고 싶을 때가 있잖아요. 상담가 장재열이 아닌, 그냥 사람 장재열이고 싶은 날.

그런 날은 은아를 만나 커피를 마셨어요. 그때마다 항상 흐트러짐 없는 모습으로 나타났지요. 서로 별말을 안 하고 각자 커피를 홀짝이면서 폰만 보다가 "간다!" 하면 "어, 가!" 하고 헤어지는 그런 시크하고 편한 친구였어요. 하지만 코로나19와 그녀의 출산이 겹치면서 우리는 한동안 못 봤어요. 아무래도 아기가 있는 집은 더욱 조심해야 했으니까요.

2023년 너무 오랜만에 은아를 만났어요. 부장으로 승진했다는 소식에 '역시 은아야. 우리 나이에 벌써 부장을 달다니. 음, 밥은 얻어먹어도 되겠는걸?' 하며 가벼운 마음으로 회사 근처로 찾아갔지요. 점심시간이 되어 우르르 나오는 직장인들 속에서 이 친구가 나오질 않는 거예요? 어디 있지? 어디 있지? 한참을 두리번거리는데 제 뒤에서 툭 치더군요.

"야, 재열, 왔냐?"

뒤를 돌아봤는데, 어라? 너무 초췌해 보이는 거예요. 엠티에서 소주 6병을 마시고도 풀메이크업을 하던, 남에게 절대 흐트러진 모습을 안 보여주던 친구였는데. 마지막으로 봤을 때도 여전했는데…. 놀라서 저도 모르게 본심이 툭 튀어나왔지요.

"헉, 너 얼굴이 왜 그래?"

"야, 충격적인 소식 하나 알려줄까? 우리 애, 밤에 아예 잠을 안 잔다. 아침 해가 뜨고 나서야 꿈나라행이야."

"허, 밤 꼴딱 새우고 출근하는 거야? 엄마야, 맛있는 거 얻어먹으러 왔더니만 내가 밥 사야겠다. 우리 보양식 먹자."

"됐고, 밥은 내가 살 거니까 오랜만에 본업 좀 하서. 내 얘기나 좀 들어주고 가."

저는 깜짝 놀랐어요. 15년을 친구로 지내면서, 한 번도 고민을 말하지 않던 은아였거든요. 항상 '어떻게 되겠지, 몰라~ 하면 되지'라고 말하는 쿨한 언니였던 그녀는 삼계탕을 앞에 두고 한참 젓가락만 뒤적거리더군요. 그러다 제게 물었어요.

"너 요즘에 번아웃, 리추얼 뭐 그런 거 연구한다며, 나한테 뭐 좀 추천해줄 것 없냐?"

"요즘 뭐가 힘든데?"

"전에 네 칼럼 보니까 번아웃을 가장 많이 겪는 집단이 전업주부라며. 나 그거 반대 입장이야. 워킹맘이 번아웃을 가장 많이 겪을 걸? 집안일에 육아에 일까지 하니까 체력은 너무 달리지, 근데 거기다 나는 요새 회사만 오면 멘털도 바사삭 갈려나간다 이거야. 24시간이 긴장 상태인 느낌 알아? 회사에서는 나이 어린 여자 부장이라고 다들 개길 생각만 하지, 집에 가면 우리 아드님은 밤새 대성통곡을 하시지. 진짜 화장실 한번 편하게 못 가요, 내가."

너무 많은 역할과 긴장 속에 자기의 본래 모습이 점점 사라지는 기분이라는 은아에게 저는 존재 소개를 추천해줬어요. 잃어버린 나를 조금씩 찾아가길 바라는 마음에서요. 그런데 존재 소개에 대한 설명을 듣던 은아가 말했어요.

"이거 좋은데, 나는 진짜 요즘 단 한 순간도 내 시간이 없어. 매일 이걸 쓸 자신이 없다."

"음, 이 정도도 어렵다면… 진짜 틈이 없는 거네. 혹시 네가 시간을 낼 수 있는 때가 있어?"

"잘 때? 자려고 누워서?"

"잠은 잘 자?"

"못 자지, 이 사람아! 두 시간씩 쪽잠 잔다. 신랑하고 교대하면서. 근데 웃긴 게 뭐냐면, 그 정도로 피곤하면 눕자마자 기절할 것 같잖아. 또 잠은 못 든다? 하루 종일 각성이 돼서 그런가. 두 시간 뒤에 일어나야 한다고 긴장을 해서 그런가."

혹시 여러분도 은아와 같은 기분을 느껴본 적이 있나요? 꼭 육아나 과중한 업무가 아니더라도 '지속적인 긴장 상태'에 놓인 경험

말이에요.

저는 주로 책을 쓸 때 그래요. 초집중을 하다 보면 몸이며 정신이며 각성이 되는데, 책 원고를 쓰는 작업은 하루 이틀로 끝나지 않잖아요. 그러니까 짧게는 한 달, 길게는 두세 달 쭉 긴장과 집중 상태가 유지되는데요. 그러다 보면 피곤한데 잠은 안 오고, 쉬어도 쉰 것 같지 않은 경험을 할 때가 있어요. 수험생이나 취준생에게서도 자주 나타나는 경험인데요. 이럴 때 우리에게는 이완 훈련(relaxation training)이 필요합니다.

이완 훈련이라는 것은 간단히 말해 긴장을 풀지 못하는 뇌와 신체에 지속적으로 이완을 연습시켜서 원래대로 돌아오게 하는 과정입니다. 본래 우리 신체와 뇌는 긴장과 이완을 자유롭게 넘나들도록 설계가 되어 있는데요. 한쪽 기능만 너무 오래 쓰다 보면 그 넘나드는 스위치에 에러가 생기는 것이지요. 신체와 정신은 동기화되는 성질이 있어서, 정신적으로만 긴장해도 자신도 모르는 사이에 신체가 같이 수축하고요. 반대로 신체의 긴장이 오래되면 정신적으로도 스트레스 상태에 놓이게 됩니다.

바꿔 말하면, 정신과 신체 둘 중 하나만 이완을 연습해도 자연스럽게 나머지 하나도 이완되면서 편안한 상태가 된다는 거지요. 그래서 목욕탕에 가서 몸이 노곤하게 이완된 상태가 되면 나도 모르게 마음까지 풀어지는 겁니다. 반대로 마음이 편안해지면 나도 모르게 몸도 사르르 풀어지게 되지요.

이 상호작용을 극대화하는 리추얼이 있습니다. 바로 '바디 스캔 (body scan)'이에요. 은아에게 이걸 추천해줘야겠다는 생각이 들었지요.

"너, 내가 음원 파일 하나 보내줄게. 이거 들으면서 자봐라."

"뭔데."

"바디 스캔이라는 건데, 내가 셀프로 하려고 녹음해둔 거 있거든. 너도 일단 해봐."

"옴마? 자면서 네 목소리를 들으라는 거야?"

반년 후, 오랜만에 연락이 닿은 은아는 이렇게 말했습니다.

"야, 너 이거로 유튜브 해라. 이건 된다. 효과 좋더라!"

고맙다는 말 대신 본래의 그녀다운 시니컬한 농담에, 저는 풉 하고 웃었습니다. 이제 다시 농담을 할 만큼 그녀의 일상이 이완되기 시작한 게 아닐까 싶었지요.

졸릴수록 성공인 명상, 바디 스캔

바디 스캔은 신체 감각을 마치 스캐너로 스캔하듯 있는 그대로 알아차리는 훈련입니다. 쉽게 말해서 내 몸을 스캐너에 대고 쭉 훑는다고 생각하면 쉬워요. 발바닥부터 목덜미까지. 아래에서 위로 쭉 훑어 올라오는 호흡 명상입니다.

앞서 소개했던 미소 명상이 시각화를 통해 뇌를 활성화시키고 정신을 맑게 했다면, 반대로 바디 스캔은 감각화(sensitization)를 통해 몸을 그대로 느끼면서 서서히 이완하고 나른해지는 효과를 얻을 수 있습니다. 그래서 이 바디 스캔은 꾸벅꾸벅 졸릴수록 성공적인 명상이라고 말하는 분도 있어요. 그만큼 긴장 상태에서 이완하고 느슨해지는 본래의 목적에 가까워졌다는 뜻이니까요.

매일 이 명상을 하다 보면, 내 몸이 어디가 아프고 어디가 불편했는지 알아차리게 되기도 합니다. 너무 바삐 살다 보면 아주 크게 아프기 전까지 모르고 지나칠 때가 많잖아요. 하지만 바디 스캔을 통해서 내 몸 구석구석이 보내는 신호를 알아차리다 보면, '아, 내가 나를 이렇게 무심하게 지나쳐왔구나'라고 깨닫게 됩니다. 조금 더 나를 살펴야겠다는 마음이 들기도 하지요.

이렇게 바쁜 일상 속에서 아주 짧은 시간 동안 나를 아껴주고 보듬는 시간,
바디 스캔을 함께 해볼까요?

바디 스캔 시작하겠습니다.
숨을 깊게 들이마시고, 내쉽니다.
한 번 더 깊게 들이마시고, 내쉽니다.

발바닥부터 살펴봅니다.
지금 내 발바닥의 감각을 느껴보세요. 어떤가요?
발바닥이 욱신거리는지, 조여드는지,
아무 느낌이 없는 것 또한 감각입니다.
천천히 느껴보면서 심호흡합니다.

들숨, 날숨 / 들숨, 날숨

다음으로는 무릎으로 올라가겠습니다.
지금 내 무릎에선 어떤 감각이 느껴지나요?
무릎이 쑤시지는 않는지, 불편하지는 않은지 살펴보면서 심호흡합니다.

들숨, 날숨 / 들숨, 날숨

자, 이제 골반으로 올라가겠습니다.
지금 내 골반에선 어떤 감각이 느껴지나요?
한쪽이 틀어져 있지는 않은지,

쑤시거나 불편하지는 않은지 살피며 심호흡합니다.

들숨, 날숨 / 들숨, 날숨

다음으로는 허리를 지나쳐서 어깨로 이동해보겠습니다.
어깨는 어떤가요?
주로 신체가 긴장 상태일 때 어깨가 신호를 보내옵니다.
쑤시거나 결리지는 않는지 살피면서 천천히 심호흡합니다.

들숨, 날숨 / 들숨, 날숨

이제 뒷목으로 이동해보겠습니다.
어깨와는 반대로, 뒷목은 정신적 긴장 상태일 때 신호를 보내옵니다.
뒷목이 욱신거리는지, 지끈거리는지, 편안한지 살피면서 심호흡합니다.

들숨, 날숨 / 들숨, 날숨

마지막으로 인중에 집중하면 숨을 쉴 때
코에 바람이 들어오고, 나가는 것을 느낄 수 있습니다.
두 번 심호흡합니다.

들숨, 날숨 / 들숨, 날숨

간단하지요? 발바닥부터, 뒷목까지 신체를 훑으며 두 번씩 심호흡하면 됩니다. 느껴지는 감각에 어떤 평가나 해석 없이 그대로 느끼기만 하면 됩니다. 꾸준히 연습하면 마치 노천온천에 몸을 담근 것처럼 노곤하고 편안한 감정을 느끼면서 휴식을 취할 수 있을 거예요.

위의 큐알 코드를 찍으면 저자의 목소리로 전하는 바디 스캔 음원 가이드를 청취할 수 있습니다.

micro ritual

9

불안을 멈추는 방법,
어디 없나요?

혼자서 언제나 모든 걸 잘 헤쳐오던 은아와 성향이 정반대인 친구가 하나 있어요. 그의 이름은 재현인데요. 저는 그를 '미어캣'이라고 부른답니다. 왜냐고요? 미어캣은 항상 긴장하면서 고개를 빼꼼 내밀고 좌우전방을 주시하잖아요. 겁이 많아서 말이에요. 재현이 딱 그런 성격이거든요. 아주 작은 걱정거리 하나만 생겨도 밤에 잠을 못 자는 프로 '불안러'지요.

특히 새벽이면 걱정거리가 많아져, '누군가와 통화하고 싶다'는 생각이 든다는 그는 주로 제게 전화를 걸곤 했습니다. 저는 올빼미형 인간이기 때문에 거의 100퍼센트 깨어 있거든요. 그렇게 대화가 시작되면 새벽 3시, 4시를 넘기기 일쑤였습니다. 별 내용은 없어요. 그냥 '어떡하지?'의 연속이랍니다. 주제는 매번 바뀌지만요.

"요즘 회사 분위기가 심상치 않더라고. 차장급부터 명퇴를 받는다는 말도 있고…."

"야, 진짜 스마트스토어라도 시작해봐야 하는 거 아냐? 부업으로 뭐가 좋을까?"

"아니 근데, 저번에 소개팅을 했거든. 만나면 분위기가 좋은데 카톡은 잘 안 오고, 이런 사이는 뭐냐?"

"네가 보기에도 우리 상무한테 나 찍힌 거 같지?"

피곤한 친구라고 생각하는 분도 있을 거예요. 하지만 재현은 제가 가장 좋아하는 친구 중 하나랍니다. 그 '걱정 많은 성격' 때문에 주변 사람들에게도 최선을 다하거든요.

제가 두 번째 번아웃으로 고향에 내려갔을 때도, 행여 제가 심심해서 더 무기력해질까 봐 매일같이 기프티콘을 보내고, 안부를 물어오던 친구였어요. 저보다 제 걱정을 더 하는 거예요. 그 마음이 고마워서, 새벽에 걸려오는 그의 전화를 군말 없이 받아주곤 했어요.

그런데 어느 날 문득 의문이 들더라고요. 그에게 물어봤죠.

"재현아, 내가 이렇게 새벽에 얘기를 들어주는 게 도움이 돼?"

"그럼, 되지. 완전 고맙지. 왜? 혹시 내가 너무 자주 전화하냐?

불편해?"

역시나 그는 또 긴장을 하고 물어보더군요.

"불편하진 않아. 근데 내가 볼 때는, 우리가 통화할 때 네가 계속 불안거리를 얘기하잖아. 했던 말 또 하고, 또 하고…. 그러면서 그것이 해소되는 게 아니라 더 강화되는 것 같다는 생각이 든다는 거지. 계속 곱씹으니까. 이게 도움이 되는 게 아니라 너한테 해가 되는 것 같거든."

친구에게 진짜 도움이 되려면 그의 불안을 들어주면서 더욱 불안을 고조시키는 것이 아니라, 끝없이 불안을 생산하는 그의 뇌에 '맥 끊는' 법을 알려줘야겠다는 생각이 들었어요. 그래서 한 가지 질문을 했지요.

"너, 인지행동치료에 대해 아나?"

여러분은 혹시 들어보셨나요? 인지행동치료(Cognitive Behavioral Therapy, CBT)는 행동심리학과 인지심리학의 기본 원리를 조합한 것으로, 문제 상황에 대해 행동 중심적으로 치료해나가는 과정을 말합니다. 쉽게 말해서 상담을 통한 대화 중심의 치료와 달리, 내담자에게 어떤 '행동 미션'을 주는 거예요. 강박, 불안 등을 줄여나가는 데에 많은 도움이 되는데요.

이 인지행동치료에 '사고 중지'라는 개념이 있습니다. 말 그대로 생각을 멈추게 하는 거지요. 대표적인 것으로는 고무줄 기법이라는 게 있는데요. 손목에 고무줄을 차고 있다가 강박이나 불안이 올라올 때, 고무줄을 잡아당겼다 놓아 통증을 주는 겁니다. 통증이라는 '외부 자극'에 의한 생각 멈춤을 시도하는 거지요. 불안에 잠식되어 끝없이 생각을 반복할 때 맥을 탁! 끊어버리는 겁니다. 조금 더 쉽게 이해하기 위해서 예시를 들어볼게요.

여러분과 제가 카페 테라스에 앉아서 수다를 떨고 있다고 생각해볼게요. 우리가 한창 재미있게 수다를 떨고 있는데, 갑자기 배달 오토바이가 엄청 큰 소음을 내면서 지나갔어요. 우리는 순간 깜짝 놀라서 그쪽을 바라보지요. 그러고는 이렇게 말하곤 합니다.

"깜짝이야, 근데 우리 어디까지 이야기했지?"

오토바이 소리라는 외부 자극으로 인해 우리의 대화에 맥이 끊긴 거지요. 습관적 불안은 자기 자신과 끝없이 대화하는 것에 가깝습니다. 그렇기에 이 대화의 맥을 끊는 것은 돌발적인 외부 자극이 가장 효과적이지요.

한참 설명을 듣던 재현이 물었습니다.

"근데, 너무 생각에 빠지면 고무줄을 잡아당기는 것조차 생각이 안 날 것 같거든? 어떡해?"

"그럴 수 있지. 네가 그 질문을 할 거라는 것도 알고 있었지. 야, 앱스토어 들어가봐."

갑자기 웬 앱스토어냐고요? 재현의 불안한 밤을 끊어준 외부 자극은 다름 아닌 '앱'이었거든요. 여러분도 한번 해보시겠어요?

현재에 머무는 연습, 마음챙김 벨

제가 재현에게 추천했던 앱은 '종소리 앱'이었습니다. 기능은 심플해요. 그냥 종소리가 울리는 앱입니다. 이 앱을 사용하게 된 건 한 영화를 본 뒤부터인데요. 노벨평화상 후보로 오르기도 했던 세계적인 수행자인 틱낫한(Thich Nhat Hanh)의 전기 영화 〈나를 만나는 길〉에서 그 힌트를 얻게 되었습니다.

틱낫한은 베트남 출신으로 베트남 전쟁에 반대했던 평화 운동가이자, 달라이 라마(Dalai Lama) 이후로 가장 깊은 지혜를 가진 '살아 있는 붓다'로 불리는 수행자입니다. 그는 유럽과 아시아 곳곳에 플럼 빌리지(Plum Village)라는 마음챙김 마을을 만들었는데요. 영화에서는 이 플럼 빌리지의 일상을 자세하게 다루고 있습니다.

매년 8,000명 이상이 찾아오는 그곳에서는 쉬어도 좋고, 명상을 해도 좋고, 강의를 들어도 좋고 무엇이든 해도 좋습니다만, 모두가 지켜야 하는 한가지 룰이 있습니다. 바로 15분마다 한 번씩 울리는 종소리인데요. 이 종소리가 울리면 누구든지 하던 일을 멈추고 소리를 들어야 합니다. 식당 조리

원이든, 리셉션에서 투숙객을 맞는 직원이든, 찾아온 방문객이든 예외는 없습니다.

이 과정은 '생각을 멈추고 현재에 머무르는 연습'이라고 하는데요. 불안이 많은 사람들에게 특히 필요한 연습이기도 하지요. 불안이라는 것은 결국 미래에 일어날 일을 최대한 자세히 예측해서 그걸 대비하려는 일종의 '자기방어 기제'입니다. 결국 계속 내 머릿속이 미래에 가 있는 거지요. '이런 일이 일어나면 어쩌지?' 하면서요.

그럴 때 이 종소리가 미래에 가 있는 우리의 '맥'을 끊어주는 겁니다. 앞서 설명한 오토바이 소음처럼요.

자, 그럼 외부 자극에 의한 생각 멈춤법, 마음챙김 벨의 사용법을 살펴볼까요?

1) 아이폰 앱스토어에서는 'Mindfulness Bell & Chime'을, 안드로이드 플레이스토어에서는 '마음챙김 벨'을 다운로드합니다.
2) 다운로드를 받았으면 앱을 켭니다.
3) 앱에서 종소리 시작 시간과 종료 시간을 설정할 수 있습니다.
4) 종소리가 몇 분 간격으로 울릴지 설정할 수 있습니다. 랜덤 간격도 가능해요.
5) 여러분이 귀가해서 혼자 있는 시간대로 시작과 끝을 설정한 뒤, 랜덤 간격으로 하길 권합니다.

이제 세팅은 모두 끝났습니다. 어떻게 사용하냐고요? 제 예시를 들려드릴 게요.

저는 늦어도 밤 10시 30분에는 집에 들어옵니다. 그때를 시작점으로 설정해뒀기 때문에 낮에는 전혀 울리지 않고, 밤 10시 30분에 첫 번째 벨이 울리는데요. 그때 하던 일을 잠시 멈추고 벨 소리가 끝날 때까지 소리에만 집중합니다. 그 뒤에는 원래 하던 일을 하는 거예요. 설거지도 하고, 빨래도 개고, 샤워도 하는 거죠. 억지로 뭔가 생각하지 않으려 하지 말고 자연스럽게 일상생활을 하세요.
당연히 그 과정에서 이런저런 생각이 떠오를 수 있습니다. 그때쯤에 또 한 번 종소리가 댕~ 하고 울릴 거예요. 그러면 또 멈춰서 소리가 끝날 때까지 집중하면 됩니다.

이 과정을 반복하다 보면, 어느 한 가지 생각에 너무 깊게 빠지기가 어렵습니다. 계속 맥을 끊어버리기 때문이지요. '아, 내가 또 근심 걱정에 빠져들고 있었구나' 알아차리고 종소리에 귀를 쫑긋 세우기만 하면 됩니다. 종소리는 약 10초 정도 이어지는데요. 소리의 잔상이 사라질 때까지 끝까지 귀를 기울이세요. 그러고 나면 '지금 여기'로 돌아와 있는 자신을 발견할 수 있습니다.

CHAPTER 3

오롯이 나를 위한 사소한 습관
회복을 넘어 성장으로

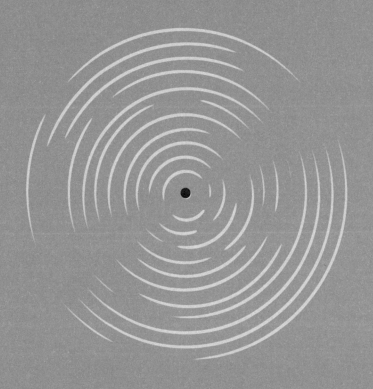

초복날 삼계탕집에서 대성통곡한
39세 장재열 씨의 사연

다시 번아웃을 겪지 않으려고 참 많이 노력했습니다. 지난 두 번의 번아웃을 통해서 저의 핵심 문제는 '불안'에 기반하고 있다는 것을 깨달았지요. 남보다 뒤처지지 않기 위해서, 사람들에게 잊히지 않기 위해서 자꾸만 자신을 혹사하는 그 알고리즘이 문제라는 것도 깨달았습니다. 그래서 잠시 쉬어가기도 하고, 무리한 일들은 거절하기도 하면서 나를 지켜가겠노라고 생각했지요. 그 노력 이면에는 '또다시 번아웃을 겪으며 일을 쉬어버릴 순 없다'는 위기감도 있었습니다.

하지만 제가 간과한 게 있었어요. 제게 문제가 없다 해도, '어쩔 수 없는 상황'이 저를 지치게 할 수 있다는 사실을 말이죠. 서른아홉 살의 세 번째 번아웃은 그렇게 '내가 막을 수 없었던 일'

들 때문에 찾아왔습니다.

2020년 코로나19를 전후해 저의 업무량은 두 배 이상 늘어났어요. 시민들은 자가 격리로 고립되었고, 예전보다 훨씬 많은 사람들에게 상담이 필요한 상태가 되었습니다. 그리고 만날 수 없는 비대면 상황에서, 오랫동안 '온라인 상담'을 해왔던 저와 팀원들은 상상 이상의 업무 협력 요청 메일을 받게 되었지요.

기업, 지자체, 공공기관 참 많은 곳과 회의하고 만나고 프로그램을 만들어나갔습니다. 하지만 그 자체로는 지치거나 힘들지 않았어요. 예전보다 많이 단단해졌고, 무리한다 싶으면 스스로 잠깐씩 쉬어갈 수 있는 힘도 생겼습니다. 어떻게든 버틸 수 있는 상황이었어요.

하지만 인생은 한 치 앞을 모른다고 했던가요. 코로나19 이후 2년간 '사건 사고의 도미노'가 시작되었습니다.

첫 번째 도미노는 엄마의 암 진단이었지요. 누가 봐도 건강했던 엄마에게 갑작스럽게 찾아온 병. 모든 일을 제쳐두고 엄마를 우선으로 하기 시작했습니다. 온 가족이 엄마에게 에너지를 모으기 시작했어요.

그리고 몇 달이 되지 않아, 두 번째 도미노인 연인의 외도를 마주하게 됩니다. 도대체 왜 그랬냐고 따져 묻는 저에게 "우리, 석 달이나 제대로 된 관계가 없었잖아"라고 말하는 그 사람을 보며, 저는 울면서 소리쳤지요.

"내가 바빴던 것도, 마음이 식었던 것도 아니고 엄마가 아프잖아, 엄마가! 그게 핑계가 되니? 네가 사람이야? 사람이냐고! 내 머리론 이해가 안 된다!"

한참을 싸우다 알게 된 진실. 그 사람의 평범한 모습 이면에 성도착증이 있다는 거였습니다. 간병하느라 떨어진 잠깐을 참을 수 없을 만큼 심한 상태였어요. 상대에 대한 충격보다 제 자신에 대한 충격이 더 컸습니다.

'살면서 몇 번이나 연애를 했는데, 이젠 어린애도 아닌데 사람을 이렇게 볼 줄 몰랐다고? 내가?'

아무렇지 않은 척, 씩씩한 척하며 낮에는 엄마에게 정성을 쏟았습니다. 그리고 밤이 되면 이별의 상처를 외면한 채, 노트북을 열어 업무를 시작했지요. 새벽까지 이어지는 과중한 상황에서도 스스로를 다독였습니다.

'괜찮아. 그래도 일 하나만큼은 순조롭잖아. 엄마 아픈데, 돈도 많이 들어가는데 일이라도 없으면 어떡해. 이별해서 힘든데 바쁘기라도 해야지. 감사한 일이야.'

그런데 생각지도 못한 세 번째 도미노가 일에서도 터지기 시작했어요. 소송에 휘말린 겁니다. 어느 날 갑자기 친구에게 카톡이 왔습니다.

"재열, 이 링크 한번 봐줄래?"

눌러서 들어가 보니, 그것은 표절이었습니다. 한 유명 기업에서 제 칼럼을 그대로 복사해 자신들의 콘텐츠인 양 올려오고 있었던 거지요. 그렇게 인생 처음으로 소송이라는 걸 준비하기 시작했습니다.

마지막으로 가장 아프고 힘들었던 네 번째 사건은 바로 작별의 릴레이였어요. 코로나19가 길어지면서 '본인상' 부고 문자가 하나씩 도착하기 시작한 거예요. 저를 찾아왔던 옛 내담자들, 우울증을 앓던 가까운 친구들, 늘 좋은 영향을 주었던 옛 동료까지….

너무 많은 사람이 스스로 삶을 마감했어요. 살면서 그렇게 많은 '본인상' 부고 문자는 처음 접해봤습니다. 2021년과 2022년 사이 나는 폰을 아예 무음 상태로 해뒀습니다. 알림이 올 때마다 겁이 나서요.

그날 이후 아침에는 엄마를 찾아가고, 점심에는 소송을 준비하다가, 저녁에는 울면서 일을 하거나 장례식장을 찾아갔습니다. 끝이 보이지 않는 어둠의 터널이 시작된 기분이었어요.

이별을 통보했던 연인은 지긋지긋하게도 밤마다 집 앞에 찾아와 매달렸고, 소송은 내 쪽이 피해자인데도 상대가 기업 법무팀이라는 이유로 이길 승산이 없다고 했습니다. 일하러 나설 때는 주로 검은 옷을 입곤 했어요. 언제든 장례식장에 들렀다 올 수 있게요.

그 와중에도 강연이든 방송이든 외부에 나가서는 완벽하게 해내겠다고 독기를 품었어요. 아무도 내가 이런 상황이라는 걸 모르게 완벽히 일하면서, 뒤로는 이 상황을 다 해결해내겠다는 생각뿐이었어요.

그렇게 이를 악물고 2년이라는 시간이 지났습니다. 간신히, 그리고 다행히 그 터널을 빠져나와 정신을 차려보니 저는 서른아홉 살, 삼십 대의 끝자락에 와 있었습니다.

'끝났다.'

이제 다 끝났으니까, 괜찮아질 일만 남았다고 생각했어요. 예전보다 한층 성장했다고도 생각했지요. 예전 같았으면 어디론가 도망쳤을 상황에서도 버티고 견뎌냈으니까요. 하지만 그건 저 혼자만의 착각이었습니다.

엄마가 완전히 회복된 어느 여름, 우리는 초복을 맞아 삼계탕집에 갔어요. 사람들로 인산인해를 이루는 그곳에서 엄마는 조심스럽게 물었습니다.

"너, 요즘 얼굴이 너무 안 좋아. 괜찮니?"

"안 좋긴, 힘든 일 다 지났는데 이젠 살 만하지! 새 책도 낼 거고, 대학원도 갈까 해."

"그렇다면 다행인데…. 요즘 너 화면에 나오는 걸 보고 있으면 뭔가 억지로 일하는 사람 같아 보여. 할 힘도, 기운도 없는데, 억지로 용을 써서 버티고 있는 사람 같다고 느껴질 때가 있어. 저런 표정으로 누군가의 마음을 치유할 수 있을까 싶을 정도로."

옆에서 여동생도 한마디 거들더군요.

"오빠가 듣기 싫어할까 봐 그동안 말 못 했는데, 나도 그걸 느꼈어. 오빠, 정말 괜찮은 거야?"

아빠, 엄마, 동생, 그리고 반려견 튼튼이까지. 모두가 나를 빤히 쳐다보고 있었어요. 분명히 괜찮다고 믿었고, 괜찮다고 말하려 했는데, 갑자기 삼계탕 위로 눈물이 툭툭 떨어지기 시작했어요. 그러고는 어느새 나도 모르게 꺼이꺼이 울기 시작했지요.

"사실 나, 안 괜찮은 것 같아. 안 괜찮아. 너무 버거워…. 어떡하지? 또 번아웃인 것 같아."

micro ritual

2

이미 지친 허벅지를 때린다고
산을 더 오를 수 있을까

집으로 돌아와 한참 멍하니 앉아 있었습니다. 나도 몰랐던 내 상태, 아니 나만 몰랐던 내 상태를 모두가 알고 있었던 거구나. 나의 세 번째 번아웃을 인정하기로 한 순간, 이런 생각이 들더군요.

'이번 번아웃은 예전과 달라. 나만 조심한다고 피할 수 있는 게 아니었던 거야. 내가 자초한 것도 없고, 내가 욕심부려서 과로한 것도 없어. 정말 예기치 못한 사건이 그렇게나 많이 밀려왔던 거야. 그리고 앞으로도 인생에서 이런 불가항력적인 순간은 또 있을 거야. 매번 그때마다 쉴 수만은 없어. 일상을 지속하면서 나를 회복시키는 방법을 찾아야만 해.'

완전히 멈추지 않되, 그렇다고 무리해서 뛰지도 않는 상태. 나를 살피면서 천천히 걷는 상태. 말은 그럴싸하지만 구체적으로 어디서부터 어떻게 해야 할지 떠오르지가 않았어요.

누군가에게 도움을 청하고 싶다는 생각으로 휴대전화 연락처를 쭉 내려다보던 그때, 한 얼굴이 떠올랐지요. 아주 웃음기 많고 명랑한 얼굴이요. 그리고 그의 말이 생각났어요.

"등산할 때 허벅지가 이미 지쳤는데 마구 때리면서 '이 바보 같은 다리야, 왜 저걸 못 올라가'라고 닦달한다고 오를 수 있을까요? 아니지요. 마음도 똑같습니다. 지금 무엇을 해야 할지, 등산에 비유해서 생각해보세요."

이 말을 한 사람은 서울대학교 정신의학과 윤대현 교수입니다. 교수님과는 2021년 한 포럼에서 처음 만났어요. 교수님은 쉬는 시간 틈틈이 대기실에 앉아 참 많은 이야기를 들려주셨어요. 번아웃에 대한 이야기도, 회복에 대한 이야기도 들려주셨지요.

그때는 그 말들이 나에게 향하는 거라고 생각하지 못했어요. 한창 힘든 시간을 지날 때이긴 했지만 외부에 나가서는 절대 티내지 않으려 노력했거든요. 제가 힘든 걸 아무도 모를 거라고 생각했지요. 하지만 어른들은 말하지 않아도 다 알고 계셨던 걸까요? 곰곰이 돌이켜보니 그때의 한마디, 한마디가 다 나에게로 향하는 것들이었어요. 그 문장을 곱씹으며 생각하기 시작했지요.

'마음이 허벅지와 같고, 인생이 등산과 같다면 내가 지금 가장

먼저 해야 할 것은 무엇일까?'

등산하다가 허벅지가 지치면 여러분은 어떻게 하시나요? 대체로 세 단계로 나뉘어집니다.

첫째, 쉴 곳을 찾는다.

둘째, 잠깐 쉰다.

셋째, 물, 초코바 등 에너지를 채워주는 무언가를 섭취한다.

그 세 단계에 입각해 지난날들을 되돌아보기 시작했어요. 이십 대 시절 첫 번째 번아웃을 겪을 때는 허벅지를 때리며 억지로 산을 오르다 쓰러진 사람이었다면, 서른네 살에 두 번째 번아웃이 왔을 때는 알아차리고, 멈추고 앉아서 쉬는 것까지는 했어요. 다만 내게 에너지와 활력을 불어넣는 회복 매개체를 찾지 못했기 때문에 '잠시 쉰다'가 아닌 '오래 쉰다'를 선택할 수밖에 없었습니다. 회복될 때까지 하염없이 기다릴 수밖에 없었지요.

하지만 서른아홉, 이제는 내게 초코바나 물 역할을 할 수 있는 회복의 매개체가 있다는 걸 깨달았습니다. 지금까지 주변 사람을 위해 연구하고 그들에게 알려줬던 그 사소한 습관, '리추얼'을 이제는 나 자신에게 적용할 때가 되었음을 느꼈죠. 회복의 마지막 단계까지 준비된 지금, 나는 멈춘다, 잠시 쉰다, 에너지를 채워 넣는다, 이 과정을 커리어 단절 없이 수행해보기로 했습니다.

오늘 해야 할 일을 하며 살되, 그 안에서 회복이 일어나게 하는
실험을 시작한 것이지요.

micro ritual

3

가장 쓸모없는 것의 쓸모

일단 첫 번째로 한 일은 '잠깐 멈춘다'였어요. 지난날들처럼 오래
쉴 건 아니었지만, 어쨌든 잠깐 숨을 고를 시간은 필요했으니까
요. 그러기 위해서 우선 '미루거나 부탁할 수 있는 일'과 '반드시
해야 하는 업무'를 분리하기 시작했습니다.

미루거나 부탁할 수 있는 일	반드시 해야 하는 업무
● 대학원 진학을 위한 토익 과외 ● 유튜브 영상 콘텐츠 제작 ● 새 책의 원고 집필 ● 상담 업무	● 단체의 대표로서 가야만 하는 회의 ● 이미 약속되어 있는 강연 및 출연

전자에 해당하는 일은 미뤄두거나(토익 공부, 유튜브 제작, 책 집필), 동료들에게 부탁(상담 업무)해 후자의 일만 남겼어요. 내가 하지 않으면 안 되는, 타인으로 대체할 수 없는 일만 남긴 거지요.

그렇게 일을 분리, 소거한 뒤에 캘린더를 살펴봤어요. 업무에 지장이 없는 선에서 8일 정도를 쉴 수 있더군요. 그 시간 동안 무엇을 할까를 생각했습니다. 빈 종이 하나를 꺼내서 생각나는 대로 쭉 적어봤지요.

- 템플스테이 가기
- 무계획 기차 여행 가기
- 오래 못 봤던 친구들 만나기
- 좋은 말씀을 해주는 어른들 찾아뵙기
- 제주도 여행 가기
- 하루 종일 잠자기

어쩐지 하나같이 마음에 들지가 않더라고요. 하고 싶지 않았어요. 또 다른 의미의 '일'같이 느껴지는 거예요. 왜 그런지 곰곰이 살펴봤지요. 한참을 바라보다가 그 이유를 깨달았어요. '기대 효과'가 명확한 일들이더군요.

템플스테이나 기차 여행, 제주도 여행에선 힐링을 기대하고 있었고, 잠자기에선 체력의 회복, 사람들을 만나는 것에선 좋은 말을 듣기를 기대하고 있었던 거죠. 결국 진짜 끌리는 행위라기보다 무언가 '쓸모'가 있는 것만을 쓰고 있었던 겁니다.

다 지워버리고 '정말 마음 편히 내가 하고 싶은 건 뭐지?' 생각하려고 용썼는데, 도무지 떠오르지가 않는 거예요. 종이를 구겨 던지고 집을 나섰지요.

'에라 모르겠다. 약속에 늦겠는걸.'

저녁에 친구의 생일파티가 있었거든요. 그런데 하필이면 그날따라 지하철 노조 파업으로 열차가 한참 오질 않는 거예요. 10분, 20분 하염없이 기다리면서 플랫폼에 사람은 끝없이 불어났지요. 선물상자가 구겨질 정도로 밀려드는 인파에 문득 '현타'가 느껴졌어요.

'나를 위한 시간을 쓰기로 해놓고, 이게 뭐 하는 거지?'

그 자리에서 친구에게 카톡을 보냈지요.

"정말 미안한데, 나 못 가겠어. 오늘 갈 수 있는 컨디션이 아닌 것 같아. 선물은 택배로 보낼게."

살면서 처음으로 당일에 약속을 취소했어요. 갑자기 속이 뻥 뚫리는 기분이더군요. 가고 싶지 않았지만 일주일 전에 약속했으니까, 약속은 지켜야 하니까, 상대의 기분을 해치고 싶지 않으니까 억지로 열차를 기다리고 있었던 나를 해방시킨 기분이었어요.

내가 지금 원하는 건 '안 하고 싶은 일을 안 하는 것'이라는 걸 깨달았어요. 가기 싫으면 안 가고, 먹기 싫으면 안 먹고, 말하기 싫으면 안 하고, 웃기 싫으면 안 웃는 것. 가장 아이 같은 본능을 억누르면서 살아왔다는 걸 깨달았어요. 특히나 내가 바짝 정신을 차려야 할 일이 가득했던 지난 2년은 더욱 어른스러운 척, 당차게 헤쳐나가는 척해야 했기 때문에 더 많이 억눌려 있었나 봐요.

가고 싶지 않은 곳에 가지 않게 된 그 순간 갑자기 너무 신이 나는 거예요. 그러곤 집으로 돌아오는 버스 안에서 번뜩 생각이 났어요.

'게임을 하고 싶어. 밤새 게임기 붙잡고 과자를 먹으면서 시간을 보내고 싶어.'

아, 진짜 하고 싶은 것은 이거였구나. 종이에 쓰던 것들이 마음에 들지 않았던 이유는 '서른아홉 살의 어른 장재열'이라는 자아 속에 갇혀서 써 내려간 것들이었기 때문이구나. 나의 내면 아이는 게임을 하면서 정크 푸드를 먹으며 마음껏 아이처럼 뒹굴고 싶구나.

바로 하차 버튼을 누르고 버스에서 내렸어요. 그리고 쇼핑몰에 들어가 닌텐도 게임기 하나와 게임팩 두 개를 샀어요. 과자도 열

봉지나 샀지요. 그러고는 바로 게임을 시작했어요. 마치 중학생 때로 돌아간 기분이었어요. 밤새 게임을 하고, 과자를 먹고 그러다 치우지도 않고 잠들고…. 딱 열다섯 살 때의 모습 같았어요. 하지만 그때보다 더 좋은 건 엄마의 잔소리마저 없다는 거였죠!

어릴 때 그토록 바라던 것, '원 없이 게임을 하는 시간'으로 나의 8일을 채우기로 했지요. 그렇게 8일 밤을 새우고 두 게임 모두 엔딩을 보고 나서, 저는 외쳤어요.

"아! 잘 놀았다. 이제부터 뭘 하지?"

비생산적인 욕구 발견하기

제 이야기, 어떻게 들으셨나요? 공감하신 분들도 꽤 있을 겁니다. 우리는 알게 모르게 '나잇값'을 하며 살아갑니다. 한국 사회만큼 나이에 민감한 사회도 없으니까요. 아무리 신경 쓰지 않으려 해도 우리 모두의 의식에 그것이 내재되어 있지요. 그래서 하고 싶은 것, 놀고 싶은 것마저도 내 '나이'의 눈치를 보는 게 아닐까요?

특히나 열심히 살아온 사람들일수록 쓸모없는 것, 시간 낭비라고 여겨지는 것은 '휴식'이 아니라고 생각하는 경향이 있습니다. 휴식과 회복 앞에서도 나잇값을 하려는 거지요.

하지만 쓸모없는 욕구를 계속 발견하려고 노력하는 연습은, 쓸모 있는 욕구를 발견하는 데도 도움이 됩니다. '잘 놀 줄 아는 사람이 일도 잘한다'는 오랜 말이 그냥 생긴 말은 아니더라고요. 왜냐하면 생산적 욕구(무슨 일을 하고 싶은지, 어떤 인정을 받고 싶은지, 어떤 사람과 잘 맞을지 등)를 발견하는 것과 비생산적인 욕구(뭘 하며 놀고 싶은지, 무엇을 안 하고 도망치고 싶은지)를 발견하는 것은, 사실 같은 알고리즘이기 때문이에요.

두 가지 모두 내면의 소리에 얼마나 주파수를 잘 맞출 수 있느냐에 달려 있습니다. 제가 기대 효과를 가진 휴식들을 쭉 써 내려간 행위는 사실 자신의 내면에 주파수를 깊게 맞추지 못한 것이라고 볼 수 있지요. 내면 가장 깊숙한 곳에 있는 '아이의 본능'까지 도달하지 못한 겁니다. 무의식중에 서른아홉 살이라는 나이, 상담하는 사람이라는 자아 같은 것들이 내 진짜 욕구에 도달하지 못하게 장애물로 작용한 것이지요.

여러분은 혹시 어떤가요? 내면 깊숙한 곳에서 발신하고 있는 마음의 소리를 잘 듣고 계신가요?

아이가 되었다고 생각하고 그것을 다음 페이지에 자유롭게 써보세요. 지금 당신의 나이, 직업, 사회적 지위, 역할을 모두 던져놓고 말이지요. 그 아이 같은 욕구 속에 진짜 리추얼에 필요한 재료들이 숨어 있을지도 모릅니다.

몰입을 위해서 크레파스나 싸인펜으로 써보는 것도 좋습니다. 시각적인 인지가 몰입에 큰 도움이 되거든요.

하고 싶은 것, 듣고 싶은 말에 어떤 것들이 있었나요?

하고 싶은 것이 아주 해로운 것들이 아니라면 매일 조금씩 그것을 하는 시간을 선물해줘도 좋고요. 듣고 싶은 말의 경우, 하루에 1분만이라도 정해서 거울을 보며 스스로에게 해주거나 글로 한 줄이라도 써주는 시간을 선물해주는 것이 좋습니다. 그 자체로 아주 좋은 리추얼이 될 수 있어요.

나 _____ 의 진짜 속마음   나의 내면 나이는 _____살

나는 지금 이걸 하고 싶어!	나는 지금 이걸 하기 싫어!

나는 이런 말을 듣고 싶어!	나는 이런 말이 듣기 싫어!

micro ritual

<u>4</u>

중요한 것은
얼마나 일관된 하루를 살아가느냐다

잠시 멈추고 게임에만 몰두한 8일이 지났어요. 멈춤의 단계가 지나고, 이제는 잠시 쉴 때라고 생각했습니다. 그런데 이번에 제가 생각한 '쉼'은 예전의 쉼과 조금 다른 개념이었어요. 완전히 일을 그만두고 백수처럼 지내는 것이 아니라, 어떻게 일과 쉼을 병행할까에 착안한 것이었으니까요.

항상 '쉼' 하면 어딘가로 떠나는 것만 생각했던 저로서는 생각의 방향을 180도 바꿔야 했지요. '어떻게 생각을 전환할 수 있을까' 고민하던 끝에 떠오른 아이디어는 '책'이었어요.

'내가 지금까지 살면서 가장 멀리했던 장르의 책 열 권만 빌려서 읽어보자.'

이런 생각이 들더군요. 평소에 가장 읽지 않았던 장르의 책이

라면, 저의 사고방식과는 가장 멀리 있는 것들일 테니 거기서 힌트를 얻어보자는 생각이었어요.

제가 어떤 종류의 책을 전혀 안 읽었을 것 같으세요? 바로 자기계발서와 경제경영서입니다. 경제경영서는 어려워서 싫어했고요. 자기계발서는 '사람이 다 제각각 다른데, 어떻게 하나의 책이 모두에게 도움이 되지?'라는 지극히 상담가적인 시선에서 멀리했던 것 같아요. 상담은 모든 내담자의 '개별성'에 집중하는 일이니까요.

　어쨌든 그동안 읽지 않았던 장르의 책 열 권을 빌려서, 아무런 연고가 없는 대전으로 갔습니다. 주말 내내 호텔 방 하나를 잡아서 열 권을 미친 듯이 읽기 시작했지요. 평소에 안 읽던 책이라 그런지 눈이 침침해지고 하품이 나오고 좀이 쑤셨어요. 하지만 이 열 권을 다 읽기 전엔 집으로 돌아가지 않겠노라 비장한 각오를 다지며 읽어나갔지요. 그러다 한 구절이 눈에 들어왔어요.

—— 어떤 상황에 불편함을 느낄 때 소비자들은 돈을 주고 그것을 해결하지만, 경영자는 그것을 해결할 수 있는 서비스를 스스로 만들어낸다.
　《언스크립티드》, 엠제이 드마코, 토토

내가 불편함을 느끼는 것이라면 이 세상에 최소한 1만 명은 비슷한 불편을 느낄 수 있을 것이기 때문에, 그 모든 불편이 하나의 아이디어가 된다는 거였어요. 그 문장을 바라보면서 생각했지요.

'나의 일상에서 가장 불편한 것은 무엇일까? 회복을 방해하는 것은 무엇일까?'

한참 생각하며 책을 읽고 있던 그때, 또 다른 책의 문장이 눈에 들어오더군요.

—— 건강한 삶에서 가장 중요한 것은 얼마나 일찍 일어나느냐가 아니라, 얼마나 일관된 하루를 살고 있는 것이냐 아닐까요?

《타이탄의 도구들》, 팀 페리스, 토네이도

'아! 이거다' 싶었습니다. 나를 가장 불편하게 하는 것, 나의 회복을 가장 방해하는 것은 바로 '잠'이었다는 것을 깨달은 거지요. 저는 수면위상지연증후군(DSPS)이라는 증상을 겪고 있었습니다. 쉽게 말해 밤낮이 바뀐 상태가 계속 유지되어오는 건데요. 타고난 체질이 이런데다가 프리랜서라는 불규칙한 일을 하다 보니 언제나 기상 시간은 뒤죽박죽이었습니다.

물론 제 대외적인 직함은 '청춘상담소 좀놀아본언니들'이라는 비영리단체의 대표였지만, 일반적으로 생각하는 출근 개념은 없었어요. 저를 포함한 모두가 자원활동가였으니 본업이 따로 있었지요. 동료들 대부분은 회사를 다니고, 저만 유일하게 10년 내내 프리랜서였어요.

그래서 저의 하루 시작 시간은 스케줄에 따라 천차만별이었습니다. 일정이 없는 날은 오후 1시가 넘어 일어나고, 아침 일찍 지방 강연이 있는 날에는 새벽 4시에도 일어났어요. 어느 날에는 새벽 4시에 잠이 들기도 했지요.

이 불규칙한 생활을 타파하기 위해 저는 '소비자'처럼 돈을 쓰며 해결했습니다. 아침 PT를 끊어서 어떻게든 트레이너 선생님과 약속에 맞춰 일어나려고 애썼지만 돈이 너무 많이 들어 포기하기도 하고요. 수영장을 다니겠노라 결심하고는 빠지기 일쑤였습니다. 그건 결석해도 티가 안 나니까요. 최근에는 아침에 깨워주는 모닝콜 유료 서비스가 있다기에 그걸 신청해볼까 하고 있었지요. 하지만 매번 '에라이, 돈을 포기하자. 오늘은 더 잔다!' 하고 취소해버리기 일쑤였습니다.

그런데 나와 같은 고민을 하고 있는 사람이 최소한 1만 명은 될 거라니, 생각지 못한 아이디어였어요. 적어도 자고 일어나는 시간만이라도 규칙적으로 된다면 일상에서 회복을 위한 최소한의 필요조건은 충족될 것이라 생각했습니다. 혼자선 자신이 없으니, 나와 같은 고민을 하는 사람들, 즉 '출근' 개념이 없는 사람들을 모아보기로 결심했지요. 책을 덮고 바로 SNS에 글 하나를 올렸습니다.

─── 지난 10년간 매일 뒤죽박죽으로 일어나곤 했어요. 어떤 날은 낮 12시, 어떤 날은 새벽 5시, 심지어 어떤 날은 오후 2시.

해도 뜨기 전에 허둥지둥하면서 달려 나가거나, '잠으로 하루를 다 날렸네. 난 왜 이럴까'라는 생각으로 하루를 시작했지요. 안정된 마음으로 시작하는 아침은 그리 많지 않았던 것 같습니다.

그런 제가 내일부터 오전 9시에 일어나보려고 합니다.

저에게는 이 시간이 저만의 미라클 모닝이거든요.

세상에서 말하는 미라클이 아니라, 제 속도에 맞는 미라클 모닝을 열어보려고요.

'일관된 하루를 시작하면, 일상을 살아가는 내 마음도 조금은 더 중심이 잡히지 않을까?' 하는 기대를 품고 있습니다.

함께 하루를 시작하는 친구가 있었으면 좋겠어요.

누구든 좋습니다. 저에게 메시지를 주세요.

놀랍게도 반나절 만에 열한 명이나 메시지를 보내왔습니다. 저와 같은 마음의 사람들이 이토록 많았다니! 자책하며 하루를 시작하는 기분이 싫었다는 취준생, 늦게 일어날수록 불안감이 커졌다는 초기 창업가, 일이 없는 날은 무엇을 해야 할지 막막해 일상도 마음도 밸런스가 깨져버리는 것 같았다는 예술가. 모두 다른 듯 닮아 있는 사람들이었지요.

다음 날 오전 9시, 저를 포함한 열두 명의 사람들이 화상 회의에 모였습니다. 아침을 함께 여는 친구들, '모닝 프렌즈'가 시작된 거지요.

micro ritual

5

안녕? 모닝 프렌즈

사람들과 만나기로 한 첫날 아침, 7시에 눈을 번쩍 떴어요. 막상 모이기로 했지만, 무엇을 해야 할지는 명확하지 않았습니다. 걱정이 돼서 두 시간이나 일찍 눈이 떠지더라고요.

하루 만에 이렇게 많이 모일 거라곤 생각도 못 했어요. 두어 명 모일 테니 함께 무엇을 할지 이야기 나누면서 서서히 모임의 방향과 흐름을 만들어갈 참이었습니다. 그런데 이렇게 많은 사람이 갑자기 신청하다니! 어쩐지 양질의 프로그램을 제공해야만 할 것 같은 부담감에 휩싸였지요.

침대에 비스듬히 기대어 앉아 생각했습니다. 제가 사람들에게 추천해왔던 모든 리추얼들을 하나하나 떠올리며 생각했어요.

'기상 직후, 나의 아침에 가장 필요한 것은 무엇일까?'

떠오른 건 바디 스캔이었어요. 아침에 일어난 내 몸을 구석구석 살피면서 하루를 시작하고 싶더라고요. 오늘 하루도 고생할 내 몸이 어딘가 결리고 쑤시지는 않는지 말이에요. 마치 차량 운행 전에 안전 점검을 하는 것 같은 기분이랄까요?

모이기로 약속한 9시가 되어 사람들이 속속 들어오고, 인사를 나눴습니다. 저의 옛 내담자도 있었고, 오랫동안 제 칼럼을 즐겨 보았다는 독자도 있었고, 강연을 들으셨다는 청중도 있었습니다. 하지만 완전히 처음 뵙는 분도 있었지요.

직업과 나이도 다양했어요. 대학생, 대학원생, 취준생, 퇴사 후 휴식 중인 사람, 배우, 강사, 창업가, 도예가 등등. 그토록 다양한 사람들이 제 목소리에 맞춰 자신의 몸 하나하나를 천천히 살피고, 숨을 고른 뒤 눈을 떴습니다.

그런데 시간이 너무 많이 남는 거예요. 그래서 한 가지 질문을 했지요.

"왜 이렇게 많이들 모이신 거예요? 어떤 이유로 저와 함께 하고 싶으셨던 거죠?"

"재열 님 글에서 일관된 하루를 살다 보면 마음도 중심이 잡히지 않겠냐는 문장이 좋았어요."

아, 그거였구나. 생각해보니 다들 '회사를 다니지 않는 사람'들이었습니다. 우리 사회에서 이른바 '평범한 삶'이라고 부르는 나인 투 식스(9 to 6)의 울타리에서 벗어난 사람들. 매년, 아니 매달 얼마를 벌게 될지 알 수 없고, 내년에는 어떻게 살아갈지 한 치 앞을 예상하기 어려운 사람들. 언제나 흔들림과 불안에 직면하지만, 주로 혼자 다니거나 일하기에 마음을 나눌 곳이 마땅치 않은 사람들.

딱 저와 패턴이 닮아 있는 사람들이었습니다. 거기까지 생각이 미치자 한 가지 아이디어가 떠오르더군요.

"우리 바디 스캔이 끝난 뒤에 하나만 더 하고 헤어지면 어때요? 오늘 하루 어떤 감정으로 살아가고 싶은지 서로 이야기하는 거예요. 지금까지 항상 상황이나 감정에 이끌려 다니면서 살아왔다면, 오늘부터는 일어나는 시간도 내 의지대로 하듯이, 오늘을 살아가는 내 마음도 내가 주도해보는 거죠. 함께 이야기하면, 선언 효과도 있고요."

한 명씩 이야기를 시작했어요.

"저는 오늘 몰입하는 기분으로 보내고 싶어요. 오늘 해야 할 일이 참 많거든요."

"저는 오늘 가벼운 마음으로 보내려고요. 어제 큰 공연이 끝나서 오늘은 제주도에 갑니다!"

"저는 우울함을 수용하며 보내고 싶어요. 억지로 애쓰지 않는 것도 나를 위한 것 아닌가요?"

그렇게 무사히 첫날이 지나가고, 한 주가 지나가고, 한 달이 훌쩍 지나갔습니다. 모두가 각자의 감정을 존중하고, 하루를 응원하며 보내는 사이 우리는 서로의 마음 친구, 리추얼 크루(crew)가 되기 시작했지요. '모닝 프렌즈'라는 이름도 붙였습니다. 끈끈해지는 만큼 이 집단에 애착을 갖게 된 사람들은 먼저 여러 가지 제안을 하기도 했어요.

"재열 님, 존재 소개도 함께 해보면 어때요? 여기 있는 사람들은 다 자기에 대해서 계속 생각을 해야 하는 직업을 가지고 있잖아요. 작가, 배우, 강사, 예술가, 창업가 그런 분들이 많으니까요. 진로를 찾고 있는 취준생 친구들도 계속 자기에 대해 생각을 해야 할 거고요."

"재열 님, 미소 명상이 참 좋았어요. 하루를 시작하는 나에게 셀프로 메시지를 전하는 게 인상적이더라고요. 바디 스캔과 이어서 해보면 어떨까요?"

"시작하기 전에 이불 정리도 하고 모이면 어때요? 끝나고 자꾸 다시 자고 싶어지더라고요."

모임을 만든 건 저였지만, 어느새 모두가 함께 자신만의 리추얼을 설계해나가고 있었습니다. 의아할 정도로 열심인 사람들.

다른 기상 모임처럼 벌금을 내는 것도 아니고 벌칙이 있는 것도 아닌데, 왜 이렇게까지 열심일까요?

이유는 간단했어요. 그들에게도 어느새 이 시간이 소중해진 겁니다. 눈 뜨면 가장 먼저 만나는 사람들과의 30분. 그 속에서 하루를 살아가는 힘을 얻고 있었던 거지요. 뭐랄까, 리추얼에 대한 고정관념이 깨지는 경험이었습니다. 혼자서, 고요하게, 아무도 없이 하는 것이 전부가 아니었던 거지요.

함께 머리를 맞댄 몇 주가 지나고, 우리는 드디어 우리만의 리추얼 프로세스를 만들게 되었습니다.

해가 바뀐 지금도 여전히 우리는 오전 9시에 만나서 이 과정들을 꾸준히 함께 해나가고 있어요. 여기까지 읽고, 아마 이런 생각을 하는 분도 계실 겁니다.

'아, 함께하고 싶은데 나는 그 시간에 회사에 있잖아?'

그래서 이 지면을 빌려 모닝 프렌즈의 리추얼 프로세스를 자세히 공유해드리려고 합니다. 일어나는 시간이 달라도, 저와 함께 화상으로 만날 순 없더라도, 같은 마음으로 같은 것을 해나간다면 우리는 모두 '모닝 프렌즈'일 테니까요.

1. 아침에 일어나 물 한잔을 마시고, 이부자리를 정리한다.

2. 바디 스캔 명상과 미소 명상을 진행한다.

3. 하루에 한 가지, 나에 대한 '존재 소개'를 이야기하고, 휴대폰 메모장에 번호를 매겨 적는다.

4. 오늘 하루는 어떤 감정으로 보내고 싶은지 '오늘의 감정 단어'를 이야기한다.

오늘의 감정 단어

앞의 에피소드를 읽는 동안 익숙한 단어들이 꽤 등장했지요? 존재 소개, 미소 명상, 바디 스캔 말이에요. 이렇게 여러 가지 리추얼을 엮어서 순서를 만들어도 됩니다. 왜 종교적 의식이나 올림픽 개막식 같은 '식'들은 식순을 가지잖아요? 우리도 우리의 아침을 위한 의식(리추얼)의 순서, 즉 식순을 만드는 거죠.

이 식순에 대한 이야기는 뒤에 조금 더 자세히 하기로 하고, 이 지면에서는 앞서 소개하지 않았던 '오늘의 감정 단어'를 소개할까 합니다. 오늘의 감정 단어는 간단합니다. '오늘 어떤 기분으로 하루를 보내고 싶은지'를 말하기만 하면 되는 거예요.

그런데 여러분은 혼자라고요? 누군가와 말할 사람이 없다고요? 괜찮습니다. 나 자신과 나누어도 되니까요. 가장 효과적인 방법은 포스트잇이나 메모장에 써서 거울 앞에 붙여두는 겁니다. 이렇게요.

아침 일찍 집을 나서기 전에 써서 붙여두고, 저녁에 돌아와 그것을 떼면서 오늘 하루를 정말 그렇게 보냈는지 짧은 회고의 시간을 가지는 것만으로도 훌륭한 리추얼이 됩니다.

어쩌면 어떤 감정 단어를 말해야 할지 막연한 분들도 있을 거예요. 각자가 가지고 있는 어휘량도, 스타일도 워낙 다르니까요. 단어가 생각이 안 나서 자꾸 비슷한 단어만 말하게 될 수도, 부정적인 단어에만 치우치는 경우도 있을 겁니다.

그래서 여러분께 한 가지 팁, 단어 샘플을 전해드리려고 해요. 만약 오늘의 감정 단어를 여러분의 리추얼로 선택했다면, 초반에는 이 단어 샘플을 보며 골라보는 것도 좋은 연습이 되겠네요.

오늘의 감정 단어를 골라보세요.

몰입하는	정신 바짝 차리는	평화로운
즐거운	쫄지 않는	해맑은
신나는	상쾌한	나를 챙기는
쉬어가는	두근거리는	솔직한
변화무쌍한	생각을 비우는	별 생각 없는
집중하는	개운한	자연스러운
고요한	자신감 있는	흔들리지 않는

자, 몇 장의 종이는 비워두었어요. 여러분도 원하는 감정 단어를 몇 개 채워 넣어볼까요? 여러분이 자주 쓰는 단어도 좋고, 원하는 감정도 좋습니다. 우리의 감정 단어 창고를 넉넉하게 채워보자고요. 그만큼 하루하루가 다채로워질 테니까요.

기상 각인 효과, 아침 첫마디 설정하기

'오늘의 감정 단어'보다 더욱 직관적이고 간단한 리추얼도 있습니다. 아침에 일어나서 처음 하는 말 한마디를 미리 정해두는 '기상 각인 효과'입니다. 눈 뜨자마자 바로 보이는 위치(맞은편 벽, 방문, 협탁 등)에 포스트잇 하나를 붙여놓고, 거기에 자유롭게 단어 하나를 적어둡니다. 아침에 눈뜨면 보이는 '첫 단어'가 될 만한 것들을 말이에요.

저는 요즘 포스트잇에 '아~ 잘 잤다!'를 적어두었어요. 아침에 일어나 기지개를 펴면서 입으로 소리 내어 "아~ 잘 잤다!"라고 외치는 거죠. 이 리추얼은 매일 아침 감정 단어를 말하다가 떠오른 한 가지 의문에서 만들어지게 되었습니다.

'어? 아침에 일어날 때 표정은 죽을상이면서 모닝 프렌즈 앞에서만 평안한 하루를 보내겠다고 말하면, 평안해지나?'

이런 생각이 들더군요. 모두를 만나기 전, '진짜 하루의 시작점부터 내 감정을 선택할 순 없을까?'라는 의문이 들던 중에 '각인 효과'가 생각났어요.

각인 효과라는 것은 오스트리아 태생의 노벨 생리의학상 수상자인 콘라트 로렌츠(Konrad Lorenz)가 발견한 이론입니다. 이름만 어렵지 여러분도 익히 아는 내용이에요. '오리는 태어나서 처음 본 움직이는 대상을 어미로 인식하며, 이것을 각인이라 부른다'라는 겁니다.

각인과 더불어 '결정적 시기'라는 용어도 별도로 만들어졌는데요. 태어나자마자 어미로 인식한 대상과 일정 기간 안정된 애착 관계를 형성하면 그 이후에는 외부의 영향을 거의 받지 않고 꾸준히 그 안정감이 유지된다는 이론입니다. 그만큼 태어난 직후 얼마간이 생애 전체에 중요한 영향을 미친다는 건데요. 이 구절을 보면서 저는 이런 생각을 했습니다.

'평생의 안정감 형성을 위한 가장 중요한 시기가 태어난 직후라면, 하루의 안정을 위한 가장 중요한 시기는 기상 직후가 아닐까?'

매일 아침 잠에서 깨는 것을 '새로 태어나는 것'이라 가정한다면, 오늘이라는 인생에서 '결정적 시기'는 기상 직후일 테니, 그 시기를 놓치지 말고 최적의 리추얼 타이밍으로 적용시켜보자는 거지요.

매일 아침 새로 태어나는 우리, 그 입에서 뱉는 첫 한마디가 생각보다 많은 것을 좌우할지도 모릅니다. 마치 처음 본 대상이 엄마 오리냐, 뱀이냐, 사냥꾼이냐, 그 무엇이냐에 따라 많은 것이 달라지는 아기 오리처럼 말이지요.

자, 여러분은 아침 기상 직후, 당신의 '결정적 시기'에 어떤 문장을 말하고 싶은가요?

micro ritual

<u>6</u>

불행의 도미노라는 착각

앞서 말했던 수면 문제 때문에 저는 한 달에 한 번, 정신의학과를 찾아가고 있어요. 벌써 3년 정도 됐네요. 한 명의 환자에게 주어진 진료 시간은 대략 20분 정도입니다. 짧게 느껴지시나요? 하지만 제 경우는 오히려 길어요. 수면 문제 말고는 크게 이야기할 것이 없다 보니 2~3분이면 중요한 이야기는 끝나죠. 지난번 약은 잠이 잘 왔는지, 날씨가 추워져서 자다가 자주 깨진 않는지…. 간단한 수면 컨디션을 체크하는 정도니까요.

그래서 언제부턴가 남은 15분 정도의 시간 동안 의사 선생님과 이런저런 근황 이야기를 나누게 되었어요. 아주 잘 들어주시거든요. 그런데 이 '잘 들어준다'는 느낌이, 여러분이 생각하는 것과는 좀 다를 수 있어요. 일반적으로 잘 들어준다고 하면 눈을 잘 맞추고, 고개를 자주 끄덕이며, 리액션이 풍부한, 뭔가 그런 온화한 분위기를 떠올리잖아요? 그런데 제 담당 의사 선생님은 그렇지 않아요. 아주 이성적인 느낌이에요. 말도 많지 않으시고 별다른 리액션 없이 가만히 듣고 계십니다. 저보다는 모니터를 보며 열심히 타이핑을 하는 시간이 더 길 때도 있고요.

하지만 그러다가 가끔 한두 마디의 질문을 던지시는데요. 그 단 한마디가 핵심을 찌르는 '정곡'일 때가 많아요. 좋은 질문을 할 수 있다는 건 집중해서 경청하고 있다는 의미겠지요. 그래서 저는 이 선생님이 좋았어요. 매달 진료 날이 기다려졌죠.

몇 달 전에는 마침 할 이야기가 정말 많았어요. 가족들과 삼계탕을 먹다가 울게 된 이야기도 해야죠, 대전에 가서 경제경영서와 자기계발서 열 권을 읽은 이야기도 해야죠, 그러다가 갑자기 '모닝 프렌즈'라는 리추얼 모임을 만들게 된 이야기도 해야죠. 15분이 빠듯하더군요. 선생님은 여느 때처럼 가만히 듣고 계시다가 이렇게 물었어요.

"재열 님, 이런저런 일들이 많았군요. 그 과정들을 통해서 좀 회복이 되고 있나요?"

"네 선생님, 조금씩 나아지는 것 같긴 한데… 또 모르죠. 이러다 갑자기 또 훅 나빠질지."

"왜 그렇게 생각해요?"

"모르겠어요. 꼭 괜찮아졌다 싶으면 큰일이 터지더라고요. '속았지?'라고 하듯이."

제 말에 잠깐 침묵하던 선생님은 이어서 물었습니다.

"재열 님, 저와 만난 지 2년이 넘었는데, 그간 '불행의 도미노'라는 말 자주 쓴 거 아시죠? 그런데 정말 나쁜 일밖에 없었나요?"

불행의 도미노.

생각해보니 이 말을 참 여러 번 썼어요. 그럴 수밖에 없다고 생각해요. 지난 2년은 정말 도미노 같았으니까요. 불행에서 조금 벗어날 만 하면 더 나쁜 일이 생겼고, 조금 회복될 만 하면 더 감당할 수 없는 상처가 밀려왔어요.

그런 일이 반복되다 보니 잠깐의 평화가 와도 안도 대신에 겁부터 났어요. '이렇게 잠잠한 게 수상해. 또 뭔 일이 생기려고 이러지?'라고 생각했지요. 어디에 지뢰가 숨어 있는지 모르는 채 비무장지대를 계속 걸어야 하는 기분이었어요.

"선생님, 제 표현이 틀린 건 아니지 않나요? 끝없이 불행한 일이 밀려왔고, 전 허우적거렸고…."

선생님은 단호한 표정으로 말했습니다.

"많은 일이 몰려온 건 맞을 수 있는데요. 정말 재열 님이 허우적거리기만 했다고 생각해요? 저는 생각이 좀 다른데요. 저는 지난 2년 동안 이야기를 들으면서 재열 님의 '문제 해결 능력'이 상당하다고 생각했거든요. 어떤 문제 상황이 생기면 이걸 해결해내는 판단 센스가 굉장히 빨라요. 지금도 보세요, 자꾸 잠으로 도피한다는 문제에 대해서 위기감을 느끼니까, 혼자 연구하고 생각해서 아침 리추얼 커뮤니티를 만들어내신 거잖아요? 지난달 진료와 오늘 사이, 단 한 달 만에요."

그러면서 선생님은 제게 숙제 하나를 내주었습니다. 그건 바로 긍정 해석 연습이었지요.

"생각이라는 게 물길 같아서 한쪽으로 방향이 잡히면 계속 그쪽으로 가요. 지금은 부정적인 쪽으로 발달되어 있을 수밖에 없지요. 힘든 상황에 대비를 계속 해오셨으니까요. 하지만 지금부터는 반대쪽도 연습을 해보자고요. 하루에 한 가지라도 긍정적인 해석을 해보세요."

"근데 선생님, 억지로 감사 일기를 쓰고 싶진 않은데요."

"그런 게 아니어도 돼요. 그냥 한 가지 상황이나 사건을 보고 여러 가지 해석을 해보란 거죠. 지난 2년이라는 같은 시간을 두고, 재열 님은 '불행의 도미노'로 해석했지만, 저는 '문제 해결력이 높은 재열 씨'를 발견했듯이 말이에요."

그날 이후 저는 노트를 하나 장만했어요. 그리고 지난 2년을 회고

하기 시작했지요. 억지로 긍정적인 해석을 지어내기보다는 하나의 사건에 대해 긍정과 부정, 양면성을 찾아보기로 했어요.

진지하게 생각하기에는 밤이 좋았어요. 자연스레 아침 리추얼과는 또 다른 저녁 리추얼이 만들어지기 시작했습니다. 누군가와 연결되는 기분, 활기찬 에너지를 주는 모닝 프렌즈와는 달리, 긍정 해석을 연습하는 밤 시간은 나의 내면을 고요하게 들여다보는 성찰의 의식처럼 느껴졌습니다.

그렇게 꼬박 한 달을 한 뒤 선생님과 다시 만났습니다.

"꾸준히 하셨군요. 그냥 흘려들을 수도 있었을 텐데, 참 잘하셨어요. 해보니 어떠셨어요?"

"신선했어요. 달의 뒤편을 보는 연습을 한 기분이랄까. 그래서 꾸준히 해보려고요. 어? 오늘 밤에 쓸 거 생각났어요."

"뭐예요?"

"나는 불안이 높은 성격이지만, 그래서 타인의 조언을 잘 귀담아듣는 수용력 높은 사람이다."

긍정 해석 연습 글쓰기

이 지면에서는 제가 실제로 썼던 긍정 해석 연습 글쓰기를 공유할까 합니다. 어렵지 않은 내용인 만큼 긴 설명은 드리지 않으려 해요.

다만 핵심은 '억지 긍정'을 하지 않는 것입니다. 긍정적인 면을 잘 찾을 수 없다면, 그대로 두는 것이 중요해요. 내가 부정적인 정서에 빠져서 놓쳤던 긍정적인 면을 재발견하는 데에 그 의미가 있는 것이지, 긍정적인 해석을 전혀 할 수 없는 상황에서마저 억지로 긍정하는 것은 '해로운 긍정성'으로 번져가기 쉽습니다.

먼저 우리가 이 글쓰기에서 지향하는 목표를 명확하게 인지해야 합니다. 당신이 저처럼 꽤 비관적인 사람이라면 여기서 180도 달라져 긍정맨이 되는 것을 목표로 하기보다, 비극적 낙관주의 정도를 목표로 삼는 것이 현실적일 수 있습니다.

비극적 낙관주의는 오스트리아의 심리학자 빅터 프랭클(Viktor Frankl)이 고안한 개념인데요, 희망과 긍정에 의미를 두면서도 상실이나 아픔, 고통의 존재를 인정합니다. 어려움과 고통을 무조건 다 '성장의 거름'으로 치부하며 이 악물고 긍정맨이 되는 게 아니라, 지금의 혼돈은 고통으로 인정하되 그 속에서 긍정적 의미는 없는지 살펴나가는 행위입니다. 예를 들어볼까요.

"지금의 이 고통은 다 성장의 밑거름이 될 거야! 그러니까 고통도 아니지! 성장의 경험이니까!"
이런 것이 해로운 긍정성의 위험을 내포하고 있다면, 비극적 낙관주의는 아래와 같습니다.
"지금 이 고통은 극도로 아파서, 겪지 않을 수 있다면 안 겪는 게 최선이지. 하지만 이 일에서 이러한 긍정적인 발견도 있었어."

다음의 제 예시를 한번 살펴보지요.

장재열의 긍정 해석 연습

- 엄마의 수술은 분명 걱정스러웠지만, 그 과정에서 도움을 준 분들이 너무 많았다.
- 엄마의 마음을 돌보는 일은 쉽지 않았지만, 강아지 튼튼이가 입양되어 새 식구가 되었다.
- 나는 불안이 심한 성격이지만, 그 덕에 큰일이 생기기 전에 대책을 세우는 능력이 발달했다.
- '효과가 있을까?' 반신반의하면서도 의사 선생님이 시킨 걸 꾸준히 하는 이 수용 능력은 장점이다.
- 오늘 그 사람에게 애초 짜증 내지 않았다면 가장 좋았겠지만, 먼저 사과한 것은 잘했다.

- 소송을 통해서 정신적으로 피폐해질 뻔했지만, 결국 이기면서 자신감이 붙었다.
- 이런저런 개인적인 문제를 겪으면서도 업무에서 실수가 없었던 것은 스스로 칭찬할 만하다.
- 그 문제 많던 사람과 헤어지게 된 것은, 새로운 만남의 기회를 선물받은 것이기도 하다.

저는 이 작업을 하면서 가장 중요하게 생각했던 것이 '긍정의 수위'였는데요. 무턱대고 긍정하는 것이 아니라 제가 수긍할 수 있을 만큼의 긍정에서부터 시작하려고 노력했습니다.

여러분도 하루에 하나씩, 열흘이면 각자의 긍정 수위를 찾아갈 수 있을 겁니다.

자, 이제 한번 써볼까요?

나 _____의 긍정 해석 연습

- _____
  _____

- _____
  _____

- _____
  _____

- _____
  _____

- _____
  _____

- _____
  _____

- _____
  _____

- _____
  _____

- _____
  _____

- _____
  _____

회복을 넘어 성장으로

10월이 되었습니다. 부모님 앞에서 엉엉 울었던 날로부터 벌써 석 달이 지났지요. 중심을 잃은 채 사방으로 흔들리던 저의 마음은 서서히 밸런스를 찾아가고 있었습니다. 특히 밤마다 긍정 해석 연습을 하게 된 뒤로 뭔가 일상이 체계화된 기분을 느낄 수 있었지요. 아침과 저녁, 하루 양 끝에서 저를 지켜주는 리추얼들이 한 세트같이 여겨졌거든요.

어제의 슬픔이 오늘로 넘어오지 않게 막아주는 아침의 리추얼. 오늘의 불안이 내일로 넘어가지 않게 누그러뜨려주는 저녁의 리추얼. 오늘의 감정이 오늘 중으로 끝나도록, 오늘의 지침이 오늘 안에서 회복되도록 저를 잡아주고 있었죠.

아침과 저녁의 이 사소하지만 규칙적인 의식들이 매일의 나를 지켜주고 있었습니다. 특히 긍정 해석 연습은 최근의 나에게 꼭 필요한 것이었어요. 이 리추얼을 하기 전까지는 주변에 종종 이렇게 말하곤 했거든요.

"나는 내 인생에서 2021년과 2022년은 없었다고 생각하려고 해. 진짜 최면술사를 찾아가서 지워도 괜찮을 정도라니까? 미련이 없어. 징글징글해."

하지만 연습을 통해 지나간 몇 년을 충분히 회고하면서 제 시선은 바뀌어갔습니다. 힘들었던 저의 감정을 인정하되, 그 진흙탕 같은 시간 속에서 핀 연꽃 같은 긍정을 발견해낼 수 있게 된 것이지요. 가장 많이 발견한 건 '사람'이었습니다.

"내 주변에 이렇게 좋은 사람이 많았다고?"

정말 도움을 많이 받았다는 사실을 깨닫고는 머쓱해졌습니다. 저는 그 정도로 좋은 사람이라 생각하지 않았거든요. 왜 우리가 평소 "네가 좋은 사람이니까 주변에 좋은 사람이 많은 거지"라고 말 하잖아요. 하지만 그 이상이었어요. 제 선량함이나 친절함을 아득히 초과하는 도움을 받아왔다는 걸 알게 되었습니다.

엄마의 병환 소식을 듣자마자 일을 제쳐두고 병원을 알아봐주었던 지용. 엄마를 더 큰 병원으로 옮겨주고는 친딸처럼 엄마에게 전화를 걸어 안심시켜주었던 수진. 집 냉장고가 가득 찰 만큼

밑반찬을 보내주었던 인희. 소송을 감당하지 못했던 나를 진정시키며 매일 밤 화상 회의로 하나하나 알려준 영민. 밤마다 차를 몰고 달려와서 커피 한잔을 함께 마셔주고 돌아갔던 운희. 나의 회복이 최우선이라며 먼저 나서서 내 일을 가져가주었던 팀원들.

　많은 사람이 곁에 있었습니다. 수도 없이 많은 빚을 진 기분이 들더군요. 그들에게 보답하기 위해 무엇을 할 수 있을까. 한참을 고민했습니다. 한 분, 한 분에게 편지를 써서 선물이라도 보낼까. 찾아뵙고 감사 인사를 드릴까.

　그런데 한 선배가 이렇게 말하더군요.

　"재열, 선물은 됐고, 인사도 안 해도 돼. 나한테 꼭 그대로 돌려주려고 할 필요 없어. 그러지 말고, 지금 도움이 필요한 사람을 찾아서 그 사람을 도와줘. 그게 선순환이지."

그 말을 듣고 SNS를 곰곰이 살펴보았어요. 그동안 제가 가장 힘들다고 착각해서 미처 보지 못했던, 각자의 아픔이 눈에 들어왔습니다. 난치병 투병을 하면서도 씩씩하게 커리어를 이어가는 음악가 친구, 전세 사기로 전 재산을 잃을 위기에 처한 옛 동료, "저 암이래요. 하지만 이겨낼 테니까, 여러분은 걱정하지 말고 응원해주세요!"라고 씩씩하게 글을 올린 후배까지….

　비로소 무엇을 해야 할지 알겠더군요. 그건 기도였어요. 나를 위한 기도가 아닌, 타인을 위한 기도 말이에요.

내가 위기의 순간에 수많은 타인에게 따뜻한 마음을 건네받아 헤쳐나올 수 있었으니, 이젠 내가 타인에게 마음을 건넬 차례라고 생각했습니다. 종이 위에 차례대로 이름을 적고 그들을 위한 기도를 올렸습니다.

친구 정은이가 꼭 전세금을 돌려받을 수 있길, 후배 영훈이의 수술이 꼭 잘되어서 회복될 수 있길, 자꾸 실패해서 결혼을 포기하려는 민선이가 꼭 좋은 인연을 만날 수 있기를….

그렇게 한 명씩 늘어나면서, 다섯 명으로 시작한 기도는 몇 주 만에 열세 명이 되었어요. 매일 밤 그 열세 명의 얼굴을 차례로 떠올리면서 기도하지요. 그러다 보면 이런저런 아이디어가 떠오르기도 해요.

"아, 영훈이는 그제 수술받았으니 아직 잘 못 움직이겠네. 빨대 사서 보내야겠다."

"그러고 보니 경아네 할머니는 퇴원하셨나? 백숙 좋아하신다던데, 한 마리 보낼까?"

"김 과장은 계약 만료가 다음 달이라는데, 전화라도 한번 해봐야겠다."

요즘은 스무 명 정도를 위해 기도해요. 어디선가 소문이 났는지 본인을 위해 기도해 달라고 먼저 연락이 오는 친구도 나타났답니다. 오늘 밤도 한 명씩 이름을 적고 조용히 기도했습니다. 사람이 많아져서인지, 예전보다 기도 시간이 좀 오래 걸려요.

그럼에도 하루를 구성하는 리추얼 중에 이 시간이 제일 소중합니다. 이유는 잘 모르겠지만, 제 스스로가 잘되길 바라는 기도를 할 때보다 훨씬 더 평온하고 행복해지는 건 확실해요. 때때로 들려오는 퇴원, 완치 같은 기쁜 소식을 듣고 기도 명단에서 이름을 지울 때는 울컥하는 기분이 들기도 합니다.

살면서 이렇게 매일 누군가의 얼굴을 생생히 떠올린 적이 있었을까? 그 사람의 안위를 기원한 적이 있었을까? 없었던 것 같아요. 오롯이 제 회복을 위해 시작한 리추얼이 회복을 넘어 조금씩 저를 '사람 만드는 기분'이 든다면, 살짝 오버일까요?

타인을 위한 기도

'어? 나는 종교가 없는데?'라고 생각하는 분도 있을 겁니다. 하지만 상관없어요. 물론 기도의 사전적 의미는 절대적 존재에게 빈다는 것이지만, 꼭 그런 의미로만 하지 않아도 됩니다.

종교가 없거나 기도가 낯선 분에게는 타인을 떠올리는 심상(心想) 리추얼이라고 생각해도 좋아요. 심상이란 마음속에 어떤 대상을 생생하게 그리는 행위를 말하지요.

앞서 말했듯 타인을 위한 기도를 하다 보면 그 사람의 이름을 읊게 되고, 그 과정에서 얼굴을 자연히 떠올리게 됩니다. 어느 순간 그 사람에게 내가 나눌 수 있는 것, 도울 수 있는 것에 대해 더 섬세하게 알아차릴 수 있게 되는 거지요.

결국 타인을 위한 기도는 그 사람의 회복을 위한 신앙적 행위를 넘어서, 하루 동안 오로지 나 자신만을 생각했던 마음을 내려놓고 타인에게 시선을 맞추며 이타적 시선을 연습하는 시간이라고 할 수 있겠습니다.

그럼 함께 해볼까요? 저는 이런 양식의 표를 씁니다. 줄 글로 써도 좋고, 저처럼 표 형태로 써도 좋아요. 꾸준히 읽고 쓰는 게 핵심이지요.

관계	이름	기도 내용
후배	박영훈	수술 완치
친구	강선기	전세금 무사 반환
친구	정민선	좋은 인연 만남
지인	경아네 할머니	수술 완치
지인	김명훈 과장	일자리 안정
친구	박정은	건강 회복
친구	김명수	건강 회복

자, 여러분도 이제 떠오르는 이름들을 한번 써볼까요? 오래 잊고 있었던 인연도 좋고, 가장 가까이에 있는 동료도 좋습니다. 조금 멀어졌거나 한참 연락하지 않아 머쓱한 사람이라도, 내가 마음을 보태고 싶은 사람이라면 누구든 적고 그 사람을 떠올리며 기도해보세요.

어쩌면 다시 관계의 불씨가 피어날지도 모른답니다. 내가 먼저 연락하고 싶은 용기가 생길 수도 있고, 어쩌면 그에게서 먼저 안부 연락이 올지도 모르지요. 마음의 에너지는 공명으로 전해지니까요.

관계	이름	기도 내용
관계	이름	기도 내용

8

리추얼 치팅데이,
하고 싶지 않음을 선택할 권리

타인을 위한 기도를 마지막으로 추가하면서, 나만을 위한 리추얼
은 비로소 완성되었습니다. 대략 다음과 같은 순서였지요.

순서	시간	리추얼		소요 시간
1	기상 직후	아침 첫마디		10초
2		물 한잔 마시고, 이불 정리하기		1분
3	오전 9시	모닝 프렌즈	바디 스캔	30분
			미소 명상	
			존재 소개	
			오늘의 감정 단어	
하루 일과 보내기				
4	자기 전	긍정 해석 연습		5분
5		타인을 위한 기도		5분

한번 순서대로 함께 상상해볼까요? 아침에 일어나자마자 기지개를 켜면서 "잘 잤다"를 말하고, 정수기에서 물 한잔을 마신 뒤 이불 정리를 합니다. 그리고 9시가 되면 화상 회의를 켜서 모닝 프렌즈들과 함께 명상, 존재 소개 등을 하며 30분을 보내지요. 주로 오전에는 말하거나 움직이는 것들로 구성되어 있습니다.

반대로 잠들기 전에는 쓰고 생각하는 것들로 구성되어 있는데요. 노트를 펴서 긍정 해석 연습 한 줄을 쓰고, 친구들 이름을 쓰며 타인을 위한 기도를 합니다. 그러고는 잠에 들지요. 어떻게 느껴지세요? 저의 리추얼, 꽤 많지 않나요?

계산해보면 하루 중 40분 이상을 리추얼에 사용하고 있는 겁니다. 물론 그중 30분은 여러 명이 함께 이야기하기 때문에 어쩔 수 없이 길어지는 시간이라곤 하지만, 어쨌든 가짓수가 많은 것은 사실이었습니다.

물론 평소에는 그다지 부담되는 분량은 아니었어요. 하나하나 따지고 보면 간단한 것들이니까요. 그리고 넉 달 정도가 지나니까 몸에 습관으로 배어서 자연히 하고 있더라고요.

그런데 문제는 불가피하게 하지 못하는 날이었습니다. 생각지 못하게 친구들과 술자리가 길어져 친구 집에서 자게 되었다거나, 아침에 출장이 잡혀서 모닝 프렌즈에 참여하지 못하는 날 같은 것들 말이지요. 그럴 때마다 자꾸 이런 생각이 드는 겁니다.

'아, 바디 스캔 못 했는데…. KTX 안에서 해야겠는데?'

'친구 집 작은 방에 혼자 들어가서, 잠깐 기도를 할까?'

마치 밀린 숙제처럼 자꾸 '해야 하는데, 해야 하는데'를 되뇌고 있었던 겁니다. 순서대로 리추얼을 실행하지 않으면 마치 하루 마무리가 안 된 느낌이 들어버리는 거죠. 이른바 리추얼 강박이 생겨버린 겁니다. 저는 살짝 심각해졌습니다.

리추얼이라는 건 내 삶의 안정감과 마음의 중심을 잡기 위해서 하는 건데, 이걸 못 했다는 감정적 압박이 오히려 마음의 중심을 깨트려버린다면? 이건 분명 문제가 아닐까?

곰곰이 리추얼 순서표를 보면서 한두 개를 빼볼까, 시간을 줄여볼까 하는 고민을 했어요. 하지만 평소엔 이 다섯 가지의 리추얼을 수행하는 데 무리가 없거든요. 한 달 중에 거의 26일은 잘하고 있단 말이죠. 그렇다면 제대로 못한 4~5일의 찝찝함을 없애기 위해 잘 짜인 리추얼 구성을 줄인다는 것도 과하게 느껴졌습니다. 며칠을 고민하는데 문득 이런 생각이 들더군요.

'리추얼의 목적은 결국 내 마음이 편하길 바라는 것이니까, 안 하고 싶은 날엔 '안 하는 것' 행위 그 자체가 또 다른 리추얼이 되는 게 아닐까?'

공감되지 않나요? 결국 각자가 원하는 구체적인 감정은 다르겠지만, 어쨌든 자신에게 '좋은 영향'을 주려고 하는 게 리추얼입니다. 그렇다면 안 하고 싶은 날, 못 할 것 같은 날엔 하루쯤 건너뛰는 것. 그리고 그것에 부채감을 가지지 않는 것 또한 하나의 자기 돌봄, '리추얼'이 되는 거지요.

그날 이후로 저는 세 장의 티켓을 만들었습니다. '치팅데이' 티켓인데요. 왜 다이어트나 헬스 하다 보면 치팅데이라는 게 있잖아요. 식단 엄격하게 지키다가 가끔은 좀 느슨하게 먹고 싶은 것을 먹어도 되는 날 말이에요.

리추얼에도 치팅데이를 만든 거죠. 한 달에 세 번 정도는요. 오늘 못 할 것 같다 싶으면 '오늘은 실패다'라는 생각 대신에, '오늘은 치팅데이다'라고 생각하는 거죠. 스스로에게 '하고 싶지 않음'을 선택할 권리를 주는 겁니다.

자, 여러분은 몇 장쯤 필요하신가요? 한번 만들어볼까요?

___월 ___일 리추얼 치팅데이!

오늘은 나 자신에게 '하고 싶지 않음'을
선택할 특별한 권리를 선물합니다.

(사인)

___월 ___일 리추얼 치팅데이!

오늘은 나 자신에게 '하고 싶지 않음'을
선택할 특별한 권리를 선물합니다.

(사인)

___월 ___일 리추얼 치팅데이!

오늘은 나 자신에게 '하고 싶지 않음'을
선택할 특별한 권리를 선물합니다.

(사인)

만족하기보단 족한 인생

12월 초 어느 날 아침, 화장실 거울 앞에서 생각했어요.

'누구 좀 만나고 싶어.'

그러고는 화들짝 놀랐지요. 으잉? 갑자기?

번아웃의 회복 단계에 있어서, 누군가를 만나고 싶어졌다는 것은 아주 중요한 변곡점입니다. 당신이 마음 터널의 거의 끝자락에 다다랐다는 확실한 시그널이거든요. 번아웃의 증상은 아주 다양하지만, 가장 대표적인 것 중 하나가 사람을 만나고 눈을 마주치며 대화하기 힘들다는 거거든요.

우리가 누군가를 만나서 대화할 때 소통 비중은 의외로 언어(30퍼센트)보다 비언어(70퍼센트)가 더 높습니다. 비언어적 소통이라 하면 말투, 눈빛, 제스처 등이 있지요. 비언어 중에서는 눈 맞춤이 80퍼센트를 차지한다는 연구 결과를 감안하면, 타인과의 소통 과정에서 내 에너지의 56퍼센트는 눈에서 빠져나간다는 뜻입니다.

이와 비슷하게 미국 UCLA 심리학과의 앨버트 머레이비언(Albert Mehrabian) 교수는 대화에서 상대방과의 교감을 결정하는 요소 중 내용은 7퍼센트, 청각은 38퍼센트, 시각은 55퍼센트라는 내용의 이론을 발표하기도 했습니다.

그러니 사람을 만나서 서로 눈을 마주치는 행위는 번아웃된 사람들에겐 상당히 큰 결심이 필요한 난관입니다. 업무적으로 반드시 타인을 만나야만 하는 게 아니고서는 그것을 최대한 피하게 되지요. 이미 심신이 다 소진되었는데 고갈된 에너지가 더 빠져나갈까 봐 발동하는 방어기제랄까요. 아주 편한 사람을 만나더라도 힘들기는 마찬가지여서, 핸드폰을 바라보거나 먼 산을 보면서 대화하기도 해요.

저 역시 그랬답니다. 부모님 댁에 가면 주로 TV나 강아지에게 눈을 고정한 채로 대화하는 경우가 많았고요. 친구들과의 약속은 최대한 취소하거나 미뤄두었어요. 경조사조차도 가능하면 가지 않으려고 했지요. 외향적인 친구들이 집 앞까지 찾아와 만나게 될 때엔 저도 모르게 퉁명스럽게 말하곤 했어요. 그러고는 후회와 자책을 했죠.

'괜히 친구 기분만 상하게 한 건 아닐까? 안 만나느니만 못한 것 같아. 멀리서 와줬는데….'

그런 제가 드디어 '누군가를 만나고 싶다'는 생각을 하게 된 거예요. 가장 먼저 만나고픈 사람들은 주로 어른들이었어요. 저보다 10~20년 먼저 세상을 살아온 선배이자, 저의 청년기에 길잡이 역할을 해주었던 분들이 몇몇 계셨거든요. 그분들이라면 제가 겪은 소진과 회복의 과정을 이미 숱하게 먼저 겪으셨을 거라는 생각이 들었어요. 그러니 구구절절 설명하지 않아도, 제 얼굴만 봐도 다 알고 느끼실 거라는 믿음이 있었지요.

가장 먼저 찾아뵌 분은 15년 넘게 꾸준히 저를 봐온, 동선 팀장님이었어요. 이십 대 대학생 시절부터, 사회 초년생을 지나 지금의 제 모습까지 모두 알고 있는 몇 안 되는 어른이었거든요. 뵙자마자 물어봤지요.

"제 얼굴 어때요? 많이 상했어요?"

"아니, 편안해 보여. 나이를 잘 먹어가고 있는 얼굴인데?"

"그렇지만 몇 번의 번아웃을 거치다 보니, 예전만큼의 반짝임이 없는 거 같아요."

"대신 깊이가 생겼지. 예전의 너는 똘똘한 아이인 만큼 그 똘똘함을 표출하고 싶어 보였거든. 그런데 지금은 좀 더 여유로워 보여. 오히려 지금이 더 보기 좋은데? 은은해졌어. 사람이."

그는 웃으면서 말을 이어갔습니다.

"안 좋은 일이라는 게 말야. 어제 오고, 오늘 오고, 내일 오고 하지 않더라. 그렇지 않니?"

"무슨 뜻이에요?"

"감당할 만큼 소분해서, 나눠서 오는 게 아니라 한 번에 몰려서 오더라는 거지. 인생이 그래."

"맞아, 꼭 몰려와요. 팀장님도 그런 시기가 많았겠죠? 그걸 지나고 오십 대가 되니 어때요?"

"나? 음, 예전에는 만족하는 인생을 살고 싶었거든? 그런데 요즘은 족하면서 살려고 해."

의아한 표정을 짓는 저를 보며 팀장님은 슬쩍 웃으면서 이야기를 이어갔어요.

"젊을 땐 항상 내 성과가 못 미치는 느낌이 있었단 말이야. 왜냐면 만족(滿足)이라는 단어에서 '만' 자가 뭔 줄 아니? '찰 만'이거든. 가득 채우기 전까지는 계속 스스로에게 화가 나서, 자기를 몰아세우기도 하고 그랬단 말이지. 그런데 그 만자를 떼고 '족하다'라는 시선으로 삶을 보니까, 꽤 괜찮은 삶이더라고. '이만하면 족하지'라는 말 알지? 그런 시선으로 삶을 보게 되더라고."

"만족하는 삶과 족하며 사는 삶이라…. 나이가 들면서 조금씩 내려놓음을 배우는 걸까요?"

"아니, 그것과는 좀 달라. 만족을 바라보고 살면 항상 시선이 미래에 가 있거든. 그런데 족하게 살려고 하다 보면 지금 내가 가진 것을 점검하고 살피게 되더라. 시선이 오늘 이 순간으로 돌아온다고 해야 하나. 꼭 성장이나 기대를 내려놓는다는 게 아니야. 오늘에 시선을 둔 채로 미래를 향해 걸어가는 느낌인 거지."

시선은 오늘에 둔 채 미래를 향해 걸어가는 삶. 팀장님과 헤어지고 돌아오는 길 내내 이 문장이 머리를 맴돌았습니다. 어쩌면 그것이 우리가 삶에서 리추얼을 실천하고 만들어가려는 가장 핵심적인 이유가 아닐까 싶더군요. 오늘의 나를 위해서 행하는 작은 무언가들이 모여 지금의 나를 회복하고 성장시키다 보면, 더 나은 미래는 자연히 따라오는 결과물이 될 테니까요.

여러분은 어땠나요? 그렇게 살아왔나요?

저는 돌이켜보면 지금까지 정반대로 살았던 것 같아요. 미래에 시선을 고정하고 달리느라 오늘을 희생시키고 외면하면서 살아왔지요. 그게 가장 효율적인 삶이고, 열심히 사는 삶이라고 생각했으니까요.

하지만 팀장님과의 만남 이후, 서서히 생각이 바뀌어간다는 걸 느꼈어요. 오늘에 족하며 살아가는 것이, 만족할 만한 미래로 가

닿는 가장 빠른 길일지도 모르겠다고요. 다가올 미래라는 건 살

아온 오늘의 총합인 거니까요.

micro ritual

10

감정의 늪에서 빠져나오려면

두 번째로 찾아뵌 분은 봉사 활동으로 인연을 맺게 된 마가 스님이었어요. 환갑이 넘은 연세에도 겨울이면 항상 쪽방촌 사람들에게 연탄을 나눠주러 언덕을 오르고, 노량진 공시생들에게 밥을 차려주는 따스한 분이었지요.

올해도 여느 때처럼 연탄을 짊어지고 쪽방촌 언덕을 오르다가 허리를 다치시고 말았다는 소식에 문병을 갔어요. 아이처럼 환한 얼굴로 맞이해주시더군요. 번아웃을 겪었다는 말도, 그간 힘든 일이 많았다는 말도 하지 않았는데 이미 다 아셨나 봐요. 어떻게 지냈냐고 묻지도 않으시고 갑자기 퀴즈를 내시더라고요.

"자, 퀴즈! 가장 밤이 긴 날이 언젤까? 1번 하지, 2번 동지, 3번 춘분, 4번 잠 못 드는 밤."

픕 하고 웃음이 터졌어요.

"스님, 이거 복수 정답 같아요. 수능도 이렇게 내면 큰일 나는데!"

"그러니? 지구의 시선으로 보면 2번 동지고, 인간의 시선으로 보면 4번 잠 못 드는 밤 아니겠니?"

이런 퀴즈를 내신 이유가 뭘까? 내가 요즘 잠 못 드는 밤이 많아 보였나? 아리송한 마음으로 스님께 여쭤봤어요.

"혹시 스님, 요즘 잠 못 드는 밤이 많으세요?"

"그럼. 요놈의 허리가 말이야. 낮에는 좀 덜 아픈데, 밤이 되면 그렇게 아픈 느낌이 드는 거야. 그런데 어느 지인이 그러더라고. '스님, 밤에 더 아프다기보다는요. 낮에는 이것도 하고 저것도 하느라 시선이 분산되어 모르는 거예요.' 밤이 되고 어둠 속에 있으면 오로지 내 아픔 말고는 느낄 감각이 없잖니. 그래서 더 크게 느껴진다는 거야."

여러분도 그런 경험이 있으실 겁니다. 낮에는 미처 몰랐는데 밤에 잠이 들려고 하면 어깨에 담이 걸린 것을 느끼기도 하고, 발바닥이 욱신욱신 난리가 날 때도 있어요. 분명 낮에도 아팠을 텐데, 미처 알아차리지 못한 거지요.

소리도 그렇지 않나요? 낮에는 의식조차 못 했을 옆집 문 여닫는 소리가 한밤중이 되면 엄청 크게 들리지요. 마음의 소리도 마찬가지더라고요. 하루 종일 뒷전으로 미뤄두었던 불안, 원망, 미움 같은 것들은 꼭 깊은 밤이 되면 서서히 존재감을 나타내기 시작하지요.

번아웃에서 회복되어가는 과정에서도, 가장 마지막까지 남아 있던 저항 세력이 바로 이 '밤의 감정들'이었어요. 아침 일찍부터 저녁나절까지는 확실히 예전보다 많이 회복되고 건강해졌다고, 심지어 번아웃을 겪기 전보다 더 나아졌다고 느낄 때도 있었지만, 온전히 "100퍼센트 돌아왔어!"라고 말하는 걸 주저했던 이유기도 했지요.

"스님, 그럼 그 잠 못 드는 밤에 뭘 하면 좋을까요?"

스님은 대답 대신 또 다른 이야기를 들려주었어요.

"쪽방촌 사람들을 찾아가보면 몇몇 사람은 항상 화가 나 있단다. 그분들 소원이 뭔 줄 아니? 밤에 잘 때 조용히 세상을 떠나면 좋겠다는 거야. 그런데 다음 날이 되면 어때? 또 눈을 뜨지. 아침이 오고. 그럼 그 사람들 기분은 어떨까? 아침부터 또 화가 나지. 내가 원하는 대로 되지 않았으니까. 그래서 에이, 하면서 길에 오줌을 싸고, 행인에게 괜히 시비를 걸어서 싸움이 나고 한다는 거야. 그런데 또 한편으로는 같은 환경에 살고 있어도 얼굴이 환한 분들도 계시거든. 그 차이가 뭔 줄 아니? '미고사'를 알고 모르더라는 거지."

"미고사요?"

여러분은 미고사를 아시나요? 저는 처음에 무슨 절 이름이 아닐까 생각했어요. 그런데 아니더라고요. '미안해요, 고마워요, 사랑해요'의 줄임말이었습니다.

쪽방촌 한쪽에선 매일 분노와 억울함으로 연탄을 발로 차고 멱살을 잡지만, 또 한쪽에는 봉사자들을 향해 "아이고, 고마워요. 대접할 게 없네. 미안해서 어쩌나" 하고 따스한 말을 건네는 분들도 있더라는 거지요. 같은 환경에서 살아가고 있는데도요.

아마 스님의 이 말씀은, 힘든 현실을 부정한 채 억지로 좋은 마음을 먹고 정신 승리를 하며 살자는 뜻은 아니었을 겁니다. 다만 아픔의 크기에 속지 말자는 말씀이었을 거예요.

고요한 밤이 되면 스님의 아픈 허리가 유독 더 아프게 느껴지듯이, 쪽방촌 사람들도 혼자인 순간이 되면 더 외롭고, 서글프게 느껴질 수 있을 겁니다. 우리도 마찬가지 아닐까요? 밤은 감정을 증폭시키는 마법 같은 힘이 있습니다. 지금의 고달픔이 더욱 고달프게, 지금의 외로움이 더욱 외롭게 느껴지게 만들지요.

그 감정의 늪에서 빠져나오는 건 아주 작은 돌부리 하나를 붙잡는 데서 시작됩니다. 맨몸으로 허우적거리면 더 깊이 빠져들겠지만, 아주 작은 것 하나라도 잡으면 상황이 달라집니다. 빠져나갈 수 있을 거라는 가능성이 보이고, 이내 실행할 수 있게 되지요.

여러분은 늦은 밤의 늪에서 자신을 구해줄 작은 돌부리 하나가 있나요? 아직 발견하지 못했다면 저와 함께 '미고사'를 연습해보는 건 어떨까요.

나를 돌보는 '미고사'

'미안해요', '고마워요', '사랑해요' 하는 말을 여러분은 평소에 얼마나 자주 하시나요?

저는 '사랑해요'를 제일 못하고요. '고마워요'는 참 잘하는 편이에요. '미안해요'는 반반 정도인데요. 하긴 합니다만, 원체 자존심이 강해서 그런지 명백한 제 실수일 때 아니면 잘 안 하게 되더라고요. 제가 생각보다 표현에 꽤 인색하다는 건 이번에 처음 알게 된 사실이에요.

여러분은 어떠세요? 왜 대체로 가까운 사람에게 오히려 표현을 잘 못하지 않나요? 부모님에게 사랑한다고 말하는 걸 쑥쓰러워하고, 안 친한 사람에겐 '정말 고맙습니다', '죄송해서 어떡해요' 이런 사회성 멘트를 잘하면서, 찐친에게는 미안하다고 말하지 못할 때가 참 많지요?

하물며 나와 가장 가까운 대상인 나 자신에게는 어떤가요? 아마 '미고사'를 가장 못 해주는 대상은 나 자신일 겁니다.

이 지면에서는 하루를 돌이켜보며 미안하고, 고맙고, 사랑하는 대상을 함께 발견하려고 해요. 그것은 나 자신일 수도, 가족일 수도, 친구일 수도 있습니다. 차례대로 미안한 사람, 고마운 사람, 사랑을 전하고 싶은 사람을 떠올려보는 이 짧은 생각의 연습이 지속되다 보면, 밤은 외롭거나 공허한 시간이 아니라 채워짐을 느낄 수 있는 시간으로 차츰 변해갈지 몰라요.

저의 예시를 한번 볼까요? 아주 사소한 것들이어도 좋습니다.

오늘 하루, 미안함을 전하고 싶은 대상: 나 자신
다른 사람들을 먼저 챙기느라, 식사 시간을 거르고 고생하게 해서 미안하다.
오늘 하루, 고마움을 전하고 싶은 대상: 동료 상용
내가 부탁한 물건을 사다 주려고 퇴근 후 마트를 네 군데나 돌아다녔다.
오늘 하루, 사랑을 전하고 싶은 대상: 강아지 튼튼이
오늘도 이 아이의 재롱은 가족들 사이 더 많은 대화와 웃음을 만들어줬다.

여러분을 위한 워크시트를 준비했습니다. 처음에는 미안함, 고마움, 사랑을 전달할 대상을 떠올리는 게 쉽지 않을 수 있습니다. 익숙한 감정이 아닐 수 있어요. 그렇기 때문에 초반에는 침대 위에서보다는 책상이나 테이블에 앉아 곰곰이 생각하고 종이에 쓰는 것으로 시작하는 게 좋아요. 시간이 좀 걸리더라도요.

이런 연습을 사흘 정도만 지속한다면 곧 익숙해질 거예요. 머지않아 침대 위에 누워 '미고사'를 연상만 해도 자연히 떠올릴 수 있게 될 겁니다.

자, 한번 해볼까요?

오늘 하루, 미안함을 전하고 싶은 대상:

오늘 하루, 고마움을 전하고 싶은 대상:

오늘 하루, 사랑을 전하고 싶은 대상:

오늘 하루, 미안함을 전하고 싶은 대상:

오늘 하루, 고마움을 전하고 싶은 대상:

오늘 하루, 사랑을 전하고 싶은 대상:

오늘 하루, 미안함을 전하고 싶은 대상:
오늘 하루, 고마움을 전하고 싶은 대상:
오늘 하루, 사랑을 전하고 싶은 대상:

오늘 하루, 미안함을 전하고 싶은 대상:
오늘 하루, 고마움을 전하고 싶은 대상:
오늘 하루, 사랑을 전하고 싶은 대상:

micro ritual

11

호들갑스러운 나라서 좋아요

번아웃에서 벗어나 사람들을 다시 만나기 시작한 12월, 한 해의 마지막 만남은 저의 리추얼 메이트인 모닝 프렌즈와의 송년회였어요. 반년이라는 시간 동안 매일 아침 30분을 함께하면서 우리에게는 좀 묘한 유대감이 생겼습니다. 잘 생각해보면 꽤 독특한 관계거든요. 한번 들어보세요.

매일 만나는 사람들인데 실물은 본 적이 없어요. 어디에 사는지는 몰라도 요즘 어떤 감정을 느끼는지 너무 잘 아는 관계고요. 몇 살인지는 모르지만 인생에서 어떤 시기를 겪는 중인지는 다 공유한 사이에요.

참 특이하지요? 비밀 친구 같기도 하고, 얼굴 한 번 보지 않고 우정을 나누는 저 먼 나라의 펜팔 친구 같기도 한, 그런 묘한 우리. 우스갯소리로 사이버 친구라고 부르기도 했지요.

그러다 '실제로 한번 보자'는 누군가의 제안으로, 한 달에 한 번씩 모이기 시작했어요. '모여서 뭘 하지? 뻘쭘하지 않을까?' 싶었는데, 아니더라고요. 워낙 다양한 직업을 가지고 있는 사람들이 모여 있으니, 한 명씩 자기 재능을 나누면서 함께하는 시간을 채워갈 수 있었어요. 어느 달에는 도예가인 예진 님의 공방으로 찾아가 도자기를 함께 만들기도 하고요. 또 어느 달에는 배우인 동옥 님의 공연을 다 함께 보러 가기도 했어요.

그리고 시간이 흘러 한 해의 마지막 달, 진로 전문가인 지연 님이 말을 꺼냈습니다.

"송년회는 제가 준비할게요. 우리 모두 올 한 해를 돌아보는 회고 글쓰기를 함께 하면 어떨까요? 올해 각자에게 애썼다는 말을 해줄 수 있게요."

그렇게 깊은 밤, 8명의 모닝 프렌즈가 모여 앉았어요. 지연 님이 말했지요.

"지금부터, 자기소개를 할 텐데요. 형용사로 소개를 해보면 어떨까요?"

"저는 양면성이 있는 김동옥입니다. 사람 만나는 게 좋은데, 집엔 혼자 가고 싶은 그런."

"저는 다채로운 한주원이에요. 제 인생은 다큐 같기도 한데, 시트콤 같기도 하거든요."

"저는 똥고집스러운 조윤재입니다. 하기 싫은 건 절대로 안 하고, 꽂히는 것엔 불타더라고요."

드디어 제 차례가 되었지요.

"저는 호들갑스러운 장재열입니다."

어라? 한 번도 써보지 않았던 단어가 입 밖으로 나오더군요. 그러고는 설명을 이어갔지요.

"저는 기분이 좋을 때도 호들갑스럽게 좋아하고, 사람도 호들갑스럽게 반겨요. 하지만 걱정도 호들갑스럽게 해요. 조금만 아프면 큰 병인가 싶어서 병원부터 가고, 누군가 나에게 조금만 차가워져도 내가 뭘 잘못했는지 밤새 고민을 하지요. 업무에서 사소한 실수만 생겨도 어떻게 해야 할지 호들갑스럽게 대책을 세워요. 살면서 내내 이 성격이 참 싫었어요. 내 삶이 너무 피곤했거든요. 무던한 친구들을 보면서 너무 부러워하곤 했어요. 그런데 최근에 알게 됐어요. 이 성격 때문에, 내 상태도 미리 알아차리고 또 나를 회복하기 위해 부단히 노력할 수도 있다는 걸요. 내가 더 큰 일을 겪기 전에 미리 나를 보호할 수 있는 힘이라고 생각하니, 지난 몇 달 사이에 처음으로 내 호들갑스러움을 좋아하게 됐어요."

자신도 모르는 사이 어느새 저는 저를 조금 더 너그럽게 바라

봐주고 있었습니다.

언제부터 이렇게 바뀐 거지? 스스로 궁금해하고 있던 찰나, 지연 님이 종이 한 장을 꺼냈습니다.

"자, 이건 회고 그래프라는 거예요. 12칸이고요. 지난 한 달, 한 달의 감정을 온도로 비유해서 생각해봅시다. 점으로 찍어서, 그걸 쭉 이어볼 거예요. 많이 힘들었으면 영하로 표시하고, 좋았으면 영 상으로 따뜻한 봄 날씨같이 표시하면 됩니다. 그래프를 다 그린 뒤에는 옆에다가 올 한 해를 한마디로 정리하는 날씨 표현을 써보 세요. 흐린 뒤 갬, 폭풍 전야, 뭐 그렇게요. 자, 한번 해볼까요?"

휴대폰 사진첩을 꺼내 1월부터 올려보면서 찬찬히 생각을 더 듬기 시작했어요. 그리고 종이 위에 하나씩 점을 찍었습니다. 그 리고 선으로 쭉 이어갔지요. 이런 그래프가 만들어지더군요.

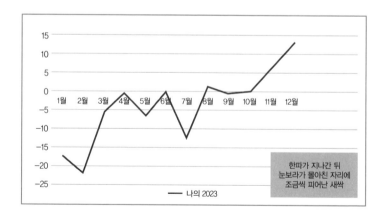

그래프를 보면서 내뱉은 첫마디는 '참 애썼다'였어요. 꾸준히, 그리고 부단히 나를 돌보려 애써왔구나. 한참 끝나지 않을 것 같던 겨울을 잘 헤쳐왔구나. 주체할 수 없을 만큼 흔들리던 내 자신을 데리고 어찌어찌 잘 살아냈구나. 그런 제 마음을 읽은 걸까요? 지연 님은 편지지와 봉투 한 장을 내밀었어요.

"이제, 마지막으로 자기 자신에게 편지 한 장을 써볼게요. 우리, 살면서 스스로에게 편지 쓴 적이 몇 번이나 있을까요? 한 번쯤은 나에게 애썼다고 말해주는 시간이 필요하지 않을까요?"

여러분은 어떤가요? 살면서 스스로에게 애썼다고, 고생했다고 말해준 적이 있나요? 혹시 가장 가까운 나 자신에게 유독 칭찬과 격려가 서툴지는 않았나요? 저는 그런 사람이었습니다. 스스로에게 야박하게 군 시간이 모이고 쌓여 자꾸만 스스로를 탈진시키고, 주저앉게 만들었지요.

어쩌면 지난 몇 개월간의 리추얼은, '더 이상 그렇게 살지 않겠다'는 선언이었을지도 모르겠습니다. 타인보다 나를, 미래보다 오늘을 돌보겠다는 의지였을지도 모르겠습니다. 그 마음을 오롯이 담은 제 편지를 여러분과 함께 나누고 싶네요.

재열아

올 한 해, 참 애썼어. 애쓰지 않았던 해가 어디 있었겠냐만은, 올해는 유독 더 애썼다고 말해주고 싶네.

또다시 지쳤음을 인정하기가 참 싫었지? 이번엔 더욱 그랬을 거야.

내가 잘못한 것 같지도 않은데, 나는 나를 최대한 돌보려고 애써왔는데, 그런 노력들이 무색하게도 힘든 일들이 마구 떠밀려왔지.

마치 잔잔한 수면에 돌을 던지듯이 인생은 자꾸 나를 내버려두지 않았던 것 같아.

억울한 마음도 있었고, 막막한 마음도 있었다는 거 잘 알아.

그래도 그 마음에 지지 않고, 도망치지 않아서 참 기특해.

그 힘든 와중에도 일상을 내려놓지 않고, 지키면서 살아올 수 있었던 것은 '이게 도움이 될까' 싶었던 그 사소한 것들을 포기하지 않아서라고 생각해.

하루하루는 사소한 것들이었지만 하루가 한 주가 되고, 한 달이 되고, 반년이 됐네.

그 꾸준함이 나를 진흙탕에서 건져 올린 발판이 된 것 같아.

진흙탕 속에서만 연꽃이 피듯이, 올해는 내가 지난 3년을 살면서 아무 가치 없는 진흙탕이라 여겼던 그 날들에, 작고 작은 연꽃 봉오리 하나를 틔워낸 한 해였다고 생각해.

앞으로도 생각지 못한 많은 순간이 있을 거야.
비 오는 날도, 너무 뜨거운 날도, 얼음장처럼 차가운 날도 있겠지.
하지만 그 순간순간에 이젠 흔들리지 않고 중심을 잡아갈 수 있을 거라고 믿어.

너무 서두르지 말고, 너무 늘어지지도 말고, 지금 같은 적당한 걸음으로 찾아낸 이 작은 꽃봉오리를 피워나가자.
수고했고, 애썼어. 정말 잘 살아냈다.

지금까지 잘 살아냈고, 앞으로도 잘 살아낼 재열에게
재열이

옆구리에 낀 작은 우산처럼

책의 마지막까지 함께 걸어와주신 여러분, 감사합니다. 어떠셨나요? 아마 장재열이라는 사람에게 꽤 익숙해진 느낌이 드실 거라고 생각해요. 그만큼 솔직하게 써 내려간 기록들이니까요. 그래서 에필로그는 Q&A 형태로 준비해보았습니다. 책을 읽으며 궁금하셨을 만한 질문들, 책에는 다 담지 못했지만 꼭 전하고픈 이야기들을 모아 전해보도록 할게요.

1. 8년 동안이나 책을 쓰지 않다가 '다시 써야겠다'고 생각하게 된 계기가 있나요?

이 답변을 쓰는 지금은 2024년의 첫날이에요. 2024년은 저에게 특별한 의미가 있는 해인데요, 제 분신과도 같았던 '청춘상담소 좀놀아본언니들' 활동을 마무리하는 해거든요. 왜 그만 두냐, 힘들어서 그러냐, 물어보시는 분들이 많은데 전혀 아니고요. '멋지게 졸업'입니다. 프롤로그에서 언급했듯 저는 삼십대의 딱 10년을 오롯이 봉사하며 살자고 결심했고, 동료들과 함께 그 목표를 이루었어요. 이제는 인생의 다음 챕터로 넘어갈 시기가 되었다고 느꼈지요. 지금까지의 한 챕터를 마무리하면서 지난 10년간의 경험을 통해 배운 '혼자를 데리고 살아갈 수 있는 방법'을 하나라도 더 전해드리고 싶었어요.

2. 책을 쓰면서 가장 중요하게 여긴 부분이 있나요?

최대한 진실 되게 쓰려고 정성을 많이 들였어요. 지금까지 많은 강연 무대에도 서고, 책도 쓰면서 저라는 사람의 이야기를 단편적으로는 전해왔지만 이렇게까지 솔직하게, 또 자세하게 이야기를 들려드리는 건 처음이 아닐까 생각합니다. 사실, 이 책의 초고는 2023년 2월에 완성되었어요. 그때는 제 이야기가 거의 없었습니다. 대신 멋지게 포장하고 싶어 하는 욕구가 강했달까요. '저 10년이나 한 길을 걸어왔으니까, 전문가 같지 않나요?'라고 칭찬받고 싶어 하는 마음이 강했던 것 같아요. 한참 물끄러미 읽고 또 읽다가 전부 지우고 새로 썼어요. 진짜 전부를요. 독자를 위한 책이 아니라, 저의 브랜딩을 위한 책

같았거든요.

새로 쓰면서는 독자 여러분과 1 대 1로 마주 앉아 긴 이야기를 나눈다는 생각으로 임했어요. 왜 그렇잖아요. 1 대 1로 눈을 마주치고 앉으면 거짓말하기가 쉽지 않거든요. 다 티가 나니까요. 비록 우린 종이로 만나는 사이지만, 여러분이 제 앞에 있다는 생각으로 한 순간 한 순간 진솔하게 담으려 애썼습니다. 그래야 여러분도 마음을 열고 이 책에 흠뻑 빠질 수 있는 계기가 될 거라 생각했어요.

3. 책을 쓰고 난 뒤, 스스로 느끼는 '리추얼'을 한마디로 정의한다면 뭐라고 할 수 있을까요?

'옆구리에 낀 작은 우산'이요.

4. 무슨 뜻인가요?

길을 나설 때, 작은 우산 하나를 끼고 걸으면 오늘 비가 오든, 안 오든 큰 걱정이 없잖아요. 그런 것처럼 내 마음을 지키는 무언가 하나를 옆구리에 끼고 걷는다는 생각이면 될 것 같아요. 물론 맑은 날에는 거추장스럽거나, 불필요하게 느껴질 수도 있지요. 그래서 되도록 작고 가벼울수록, 매일 지니고 다녀도 부담이 없을수록 좋은 게 아닌가 싶어요. 책 제목도 그냥 리추얼이 아닌,《마이크로 리추얼》로 지은 이유기도 하고요.

물론 리추얼은 만능이 아니에요. 모든 비를 다 막아줄 순 없을 겁니다. 태풍이 불어오면 확 하고 뒤집힐 수도 있지요. 강풍에는 날아갈 수도 있지요. 그럼에도 불구하고, 이 작은 우산 하나를 쥐고 걷는다는 사실만으로도 한 치 앞을 알 수 없는 변화무쌍한 인생 날씨를, 조금은 담담하게 마주할 수 있지 않을까 생각해요.

5. 이제 인생의 한 챕터를 마무리한 것 같다고 했는데, 다음 챕터의 계획은 뭔가요?

사실 책을 쓰기 시작했을 때까지만 해도 딱히 없었어요. 불안하기도 했어요. 직장생활 1년 하고, 그 이후로는 내내 '좀놀아본언니들 장재열'로 살아왔거든요. 이제 이 다음의 난 뭐지? 막막했어요. 아마 한 직장에만 10년 이상 다니다가 퇴사하는 분들의 마음과 비슷하지 않을까요? 이 이름표를 뗀 나를 상상조차 못 하겠더라고요. 그냥 지금까지 쌓은 인지도를 바탕으로 강연만 소소하게 하면서 몇 년 더 버텨볼까 싶기도 했어요. 그렇게 고민하고 있는 저에게 오랜 친구이자 조언자인 정은 누나가 이런 말을 했어요. "그냥 네가 너를 좀 기다려줘야겠다. 생각을 하지 말아봐. 어느 순간에 자연스럽게 수면 위로 떠오를 거야." 그 표현이 너무 좋더라고요. 내가 나를 기다려 준다는 말. 그렇게 생각을 비우고, 오롯이 책을 쓰고, 지금까 지의 활동을 마무리하는 데에 집중했어요. 왜 일단 있는 가구 를 빼내고 빈 공간을 만들어야 새것이 들어오잖아요.

6. 비우고 나니, 무언가가 보이던가요?

책을 다 썼을 때쯤, 신기하게도 깨달은 바가 하나 있었어요. 저는 지금까지 '나 같은 사람들이 참 많구나'를 느낄 때마다 나와 비슷한 그들을 위해 무언가 만들어왔다는 점을요. 이십 대의 제가 어딘가에 고민을 말할 곳이 필요했기 때문에 '좀놀 아본언니들'을 만들었고, 프리랜서인 제가 일관된 하루를 시 작하고 싶었기 때문에 '모닝 프렌즈'를 만들었지요. 그리고 이 제는 자생력, '스스로 마음의 중심을 잡는 연습'이 필요하다는 생각이 들어요. 우리 모두에게요. 그 어느 때보다 불안을 자극 하는 시대니까요.

요즘 성공 멘토들 정말 많지 않나요? 그런데 전 의아하더라고 요. 멘토가 그렇게 많은데 왜 우리들은 부자가 되기보다 더 불 안해하고, 더 절박해졌을까요? 왜 매일 꾸준히 자기 자리를 지 키며 일하는 노동의 가치가 '그렇게 살아서는 평생 달라질 수 없는 바보 같은 선택'이라고 평가절하 되어야 하는 걸까요?

사람들의 불안을 자극하며 비즈니스를 전개하는 이 시대, 이렇게 살면 안 될 것 같고, 다들 나보다 훨씬 앞서가는 것 같은 환각으로 사람의 애간장을 태우는 시대에 '스스로 마음의 중심을 잡는 힘'을 기르는 것은 그 무엇보다 중요한 가치라고 생각해요. 그 가치를 위해서 오프먼트(offment)라는 브랜드를 만들었어요.

7. 오프먼트? 그게 무슨 뜻이죠?

영어에 없는 단어인데, 오프(Off)와 모먼트(Moment)의 합성어로, 생각이 너무 많은 사람들에게 리추얼을 통해 '멈춤의 순간'을 선사하는 브랜드예요. 잘 살아가고 싶을수록 고민과 생각이 많아지는데, 아이러니하게도 너무 많은 생각 때문에 오히려 살기가 힘들죠. 그게 바로 강박과 번아웃이라고 생각해요. 결국 우리에게 필요한 것은 '스스로 오프 할 수 있는 힘'이더라고요. 불안감에서 스스로 빠져나오는 힘, 집에서까지 일 생각에 짓눌려 있지 않고 생각을 멈추고 끊어내는 힘, 몰입할 때와 쉬어야 할 때를 명확하게 구분하는 힘 같은 것들 말이에요. 저는 이게 잘 안됐거든요.

여러분은 어떠세요? 일기를 쓰고, 명상을 하고, 걷기를 하면서도 사실은 머릿속으로 여전히 걱정과 불안에 두뇌를 풀가

동 하고 있지는 않나요? 그렇다면 그것을 온전한 리추얼이라고 할 수 있을까요? 생각에 끌려 다니고, 걱정에 끌려 다니고, 도파민에 끌려 다니는 것에서 벗어나 스스로 매일 하루에 단 몇 초라도 온전히 멈추는 짧은 순간, 그 자체가 진정한 리추얼이라고 생각해요. 그리고 '아 이제 그만!' 하고 외치며 온전히 멈출 수 있는 사람이라면 '자, 이제 해볼까?'라며 오롯이 몰입할 수도 있다고 생각해요. 생각에 잠식되지 않고, 일상의 자기 주도권을 갖는 거죠. 그래서 오프먼트는 휴식과 회복만이 아니라 성장에도 꼭 필요한 요소가 아닐까 싶어요.

8. 그 오프먼트는 무엇으로 만들어낼 수 있을까요?

온오프 스위치 하나를 탁 누르듯이 간단하고 사소해야 한다고 생각해요. 그럴 수 있는 환경을 만드는 것도 중요하고요. 그래서 정말 사소한 오프의 트리거(프로덕트)와 오프가 가능한 환경(조직 문화)을 만드는 것 모두가 필요하다고 생각했어요.

이를 위해 다각적으로 여러 가지 프로젝트를 시작했는데요. 일단 첫 번째로는 개인이 일상에서 스스로 리추얼을 실천할 수 있도록 돕는 굿즈나 프로덕트를 개발하고 있어요. 집에 돌아오면 온전히 오프할 수 있는 일상 속 아주 간단한 최소 단위를 제공하는 거죠. 직관적으로 온오프 스위치 모양의 키링이라던가, 책에서 소개한 마음챙김 벨의 실물 버전을 구상하고 있기도 해요. 정말 버튼 하나 누를 정도로 간단한 리추얼들이죠.

두 번째로는 기업과의 협업도 준비 중이에요. 개인이 아무리 오프하려 해도, 조직 문화가 바뀌지 않는다면 '언 발에 오줌 누기'일 테니까요. 워크숍, 컨설팅, 코칭 등 다양한 논의를 통해 몇몇 기업과는 이미 조직 문화 실험을 시작했어요. 이전까지는 상담을 통해 1 대 1로 누군가를 만나고, 제가 직접 '말'을 건네는 일을 해왔다면, 이제는 각자가 스스로 성장하고 회복할 수 있게 조금 더 '환경적 요소'를 만들어내는 것으로 사회에 기여하고 싶어요.

9. 앞으로 재열 씨를 만나고 싶으면 어떻게 해요? 상담은 안 하는 건가요?

많은 분들이 그 질문을 해주셨어요. 그래서 뉴스레터를 시작했어요. 이전까지는 상담소를 통해 여러분의 마음 친구가 되어드렸지만, 이제는 편지를 통해 이야기를 전할까 합니다. 뉴스레터는 아마 상담 전문 레터는 아닐 거예요. 이 책과 결을 같이하는 소소한 리추얼 정보들, 또는 일과 멈춤에 대한 저의 생각들이 주를 이루겠지요. 하지만 때때로는 제 주특기인 상담 코너도 열어볼까 해요. 비록 좀놀아본언니들을 통한 공식적인 상담 업무는 멈추지만, 그래도 여러분의 고민을 듣고 나누는 창구 하나쯤은 꾸준히 열어두고 싶네요. 타인의 고민을 듣고, 나누는 행위는 저에게도 참 소중한 리추얼이니까요. 책으로 만난 여러분과의 느슨하지만 따뜻한 인연, 앞으로도 이어갈 수 있으면 좋겠네요!

위의 큐알 코드를 찍으면 저자의 뉴스레터를 만나보실 수 있습니다.

10. 마지막으로 독자 여러분께 한 말씀 전한다면?

강박을 가지지 않았으면 좋겠어요. 사소한 것들의 힘이 있음을 알게 됐잖아요. 때로는 빼먹어도 괜찮고, 한동안 못 해도 괜찮아요. 치팅데이가 조금 길어져도 괜찮아요. 완전히 멈추지만 않으면 됩니다. 꾸준히 해나가자는 말은 매일 하자는 게 아니에요. "어찌되었든 지속하자"라는 말입니다. 큰 배일수록 뱃머리를 돌릴 때 오래 걸린대요. 우리의 변화도 그럴지 몰라요. 리추얼을 해봤는데 별로 달라진 게 없어 보이고, 그래서 며칠이고 몇 주고 안 하고 내팽개쳤다고 해도 괜찮아요. 다시 돌아오기만 하면 돼요. 그리고 또 시작하면 돼요. 그러면 분명히 삶의 뱃머리는 다시 서서히 원하는 방향으로 돌아갈 겁니다.

마지막으로, 이 책을 통해 잠시 인생의 길동무가 되어 같이 걷는 시간이 저에게는 큰 기쁨이었습니다. 저도 여러분도 '리추얼'이라는 작은 우산을 옆구리에 낀 채, 각자의 길을 걸어갈 시간이네요. 정말로 반가웠어요. 그리고 언젠가 다시 만나요, 꼭.

나만의 리추얼 설계하기

'4W 플랜' 워크시트

저는 상담을 할 때건, 강의를 갈 때건, 글을 쓸 때건 가장 중요하게 생각하는 것이 있어요. 바로 '우리가 헤어진 다음'이에요. 여러분이 어떤 경로로든 저를 만나고 일상으로 돌아갔을 때 직접 해볼 수 있는 무언가를 전하고 싶다는 생각을 하곤 합니다.

아무리 유능한 전문가라도, 지혜로운 멘토라도 결국 타인, 즉 나의 외부에 있는 존재입니다. 외부에서 전해지는 말이나 글은 우리 삶에 작은 불씨 이상일 수 없다고 생각해요. 그걸 받아들여 변화의 불을 지피는 건 우리 자신만이 할 수 있습니다.

리추얼 역시 마찬가지예요. 여러분께서 직접 실행하면서 하루하루 쌓아나가는 순간들이, 이 책 열 권보다 훨씬 값질 거라고 생각합니다. 그래서 시작의 계기를 만들어드리고자 이 부록을 준비했습니다. '할 거야!'라고 입 밖으로 내뱉으면 생각만 했을 때보다 실행력이 세 배 이상 높아진다지요? 이 워크시트 위에 '할 거야!'라고 스스로 선언하는 겁니다.

저의 가이드에 따라 4단계로 천천히 함께 작성해보면 어떨까요? 리추얼 플래닝은 크게 4W로 구성됩니다.

WHY / 왜?	WHAT / 무엇을?
WHEN / 언제?	WHO / 누구와?

리추얼의 목적인 'WHY'를 찾고, 그에 맞는 리추얼은 무엇이 있을지 'WHAT'을 설정합니다. 그리고 하루 중 어느 시간에 하면 좋을지 'WHEN'을 살펴본 뒤, 혼자 할지 아니면 누군가와 같이 약속을 정해서 할지 'WHO'를 설정하는 겁니다. 하나씩 살펴볼게요.

1단계: WHY

리추얼의 목적은 크게 '마음의 중심을 잡는 것'이지만 그 마음의 중심이라는 개념은 사람마다 모두 다를 수 있습니다. 누군가는 저처럼 어떤 상태에서 회복되는 것이 목적일 수도 있고, 누군가는 새로운 도전을 앞두고 매일 마음을 다잡는 것이 목적일 수도 있습니다. 또 누군가는 바쁜 일상 속에서 편안하게 하루를 마무리하는 게 목적일 수 있겠지요.

이렇게 구체화된 목적을 세우는 것은 다음 단계인 'WHAT'에도 중요한 영향을 미칩니다. 목적에 따라 선택지도 달라지지요.

2단계: WHAT

다음 단계는 '무엇을 할 것인가?'입니다. 말했듯이 리추얼은 각자 마음의 안정감과 균형을 찾을 수 있는 '어떤 행위'든 가능합니다. 그런 만큼 책에서 소개한 것들 외에도 무궁무진할 수 있지요. 가장 좋은 방법은 '어떤 행위를 할 때 내 마음이 편안(안정)해지는가?'라는 질문을 중심으로 그 답을 종이 위에 쭉 써보면 좋습니다.

어딘가에 가서 해야 하는 것(예를 들면 수영이나 헬스)은 최대한 지양하고, 내 생활 범위 안에서 할 수 있는 것으로 생각해보면 좋습니다. 무엇을 할지 잘 떠오르지 않는다면 다음의 리추얼 키워드를 보고, 그대로 해보거나 살짝 변형해도 좋습니다.

자문자답 글쓰기	마이크로 산책	이불 정리	물 한잔 마시기
한 장 필사	랜덤 독서	'생즉카'	마음 날씨
좋아하는 향초 켜기	자존감 칠판	존재 소개	감사 일기
미소 명상	바디 스캔	마음챙김 벨	물멍, 불멍
감정 단어	아침 첫마디 설정하기	신발 정리	스트레칭하기
하늘 사진 찍기	거울 닦기	그림일기 쓰기	노래 가사 받아쓰기
화분에 물 주기	소리 내어 책 읽기	긍정 해석 글쓰기	차 우려 마시기
타인을 위한 기도	종이접기	'미고사'	사일런스 댄싱

3단계: WHEN

자, 어떤 리추얼을 할지 골랐다면 이제 어느 시간대에 할지 생각해봅니다. 시간대 설정에는 크게 두 가지 고려 사항이 있는데요. 첫째, 나에게 리추얼이 가장 필요한 시간대, 그리고 둘째, 내가 매일 수행할 수 있는 시간대. 이 두 조건이 일치한다면 가장 좋겠지요? 저녁 시간에 필요하다고 느끼고, 저녁에 실제로 여유가 있다면 베스트일 겁니다.

하지만 그렇지 않은 경우에는 두 번째 조건을 더 중요하게 생각해보세요. 예를 들어, 리추얼이 필요한 시간대는 아침이라고 느끼지만 너무 정신없어서 저녁에 짬이 난다고 칩시다. 이 경우 저녁에 시작하는 거예요. 그렇게 매일 하면서 습관이 몸에 배면, 아침 시간으로 서서히 옮겨오는 것이 가능해질 거예요.

4단계: WHO

대부분 혼자서 리추얼을 한다고 생각하지만, 그렇지는 않습니다. 저와 모닝 프렌즈들처럼 아예 함께 만나서 하는 경우도 많아요. 전문적인 리추얼 커뮤니티도 상당히 생겨나고 있다고 해요.

그리고 함께 하지는 않더라도 '인증' 같은 것을 하면서 꾸준히 하는 습관을 들이는 경우도 있습니다. 오롯이 혼자서 하고 싶은지, 아니면 흐지부지되지 않게 누군가와 함께 하고 싶은지 생각하는 것은, 지속 가능성에 있어서 아주 중요합니다.

자, 이렇게 네 가지 요소를 설명해드렸는데요. 어렵지 않지요? 이제 여러분의 워크시트 위에 리추얼 '4W 플랜'을 설정해봅시다. 그리고 이제, 당신만의 리추얼로 하루를 시작해봅시다.

WHY / 왜?	WHAT / 무엇을?

WHEN / 언제?	WHO / 누구와?

마이크로 리추얼:
사소한 것들의 힘

제1판 1쇄 발행 | 2024년 4월 25일
제1판 6쇄 발행 | 2024년 6월 28일

지은이 | 장재열
펴낸이 | 김수언
펴낸곳 | 한국경제신문 한경BP
기　획 | 이진아콘텐츠컬렉션
책임편집 | 이혜영
교정교열 | 이근일
저작권 | 박정현
홍　보 | 서은실·이여진·박도현
마케팅 | 김규형·정우연
디자인 | 장주원·권석중
본문디자인 | 디자인 현

주　소 | 서울특별시 중구 청파로 463
기획출판팀 | 02-3604-590, 584
영업마케팅팀 | 02-3604-595, 562　FAX | 02-3604-599
H | http://bp.hankyung.com　E | bp@hankyung.com
F | www.facebook.com/hankyungbp
등　록 | 제 2-315(1967. 5. 15)

ISBN 978-89-475-4950-9　03180